BIBLIOTECA DE FILOSOFIA CONTEMPORÂNEA

Uma colecção que se pretende aberta
a todas as correntes do pensamento filosófico actual,
congregando os autores mais significativos
e abarcando os grandes polos da filosofia actual:
filosofia da linguagem, hermenêutica, epistemologia e outros.

BIBLIOTECA DE FILOSOFIA CONTEMPORÂNEA

1. MENTE, CÉREBRO E CIÊNCIA, John Searle
2. TEORIA DA INTERPRETAÇÃO, Paul Ricoeur
3. TÉCNICA E CIÊNCIA COMO "IDEOLOGIA", Jürgen Habermas
4. ANOTAÇÕES SOBRE AS CORES, Ludwig Wittgenstein
5. TOTALIDADE E INFINITO, Emmanuel Levinas
6. AS AVENTURAS DA DIFERENÇA, Gianni Vattimo
7. ÉTICA E INFINITO, Emmanuel Levinas
8. O DISCURSO DE ACÇÃO, Paul Ricoeur
9. A ESSÊNCIA DO FUNDAMENTO, Martin Heidegger
10. A TENSÃO ESSENCIAL, Thomas S. Kuhn
11. FICHAS (ZETTEL), Ludwig Wittgenstein
12. A ORIGEM DA ARTE, Martin Heidegger
13. DA CERTEZA, Ludwig Wittgenstein
14. A MÃO E O ESPÍRITO, Jean Brun
15. ADEUS À RAZÃO, Paul Feyerabend
16. TRANSCENDÊNCIA E INTENLIGIBILIDADE, Emmanuel Levinas
18. IDEOLOGIA E UTOPIA, Paul Ricoeur
19. O LIVRO AZUL, Ludwig Wittgenstein
20. O LIVRO CASTANHO, Ludwig Wittgenstein
21. O QUE É UMA COISA?, Martin Heidegger
22. CULTURA E VALOR, Ludwig Wittgenstein
23. A VOZ E O FENÓMENO, Jacques Derrida
24. O CONHECIMENTO E O PROBLEMA CORPO-MENTE, Karl R. Popper
25. A CRÍTICA E A CONVICÇÃO, Paul Ricoeur
26. HISTÓRIA DA CIÊNCIA E SUAS RECONSTRUÇÕES RACIONAIS, Imre Lakatos
27. O MITO DO CONTEXTO, Karl R. Popper
28. FALSIFICAÇÃO E METODOLOGIA DOS PROGRAMAS DE INVESTIGAÇÃO, Imre Lakatos
29. O FIM DA IDADE MODERNA, Romano Guardini
30. A VIDA É APRENDIZAGEM, Karl Popper
31. ELOGIO DA TEORIA, Hans-Georg Gadamer
32. RACIONALIDADE E COMUNICAÇÃO, Jürgen Habermas
33. PALESTRAS, Maurice Merleau-Ponty

PALESTRAS

Título original:
Causeries 1948
Edition établie et annotée par Stéphanie Ménasé

© Éditions du Seuil, 2002

Apresentação
(A Lição da Ambiguidade na Filosofia de Merleau-Ponty)
e tradução de Artur Morão

Capa de Edições 70

Depósito Legal n.º 192273/03

ISBN 972-44-1172-9

Direitos reservados para língua portuguesa
por Edições 70 - Lisboa - Portugal

EDIÇÕES 70, LDA.
Rua Luciano Cordeiro, 123 - 2.º Esq.º – 1069-157 LISBOA / Portugal
Telef.: 213 190 240
Fax: 213 190 249
E-mail: edi.70@mail.telepac.pt

www.edicoes70.pt

Esta obra está protegida pela lei. Não pode ser reproduzida
no todo ou em parte, qualquer que seja o modo utilizado,
incluindo fotocópia e xerocópia, sem prévia autorização do Editor.
Qualquer transgressão à Lei dos Direitos do Autor será passível de
procedimento judicial.

Maurice Merleau-Ponty

PALESTRAS

Edição organizada e anotada
por Stéphanie Ménasé

A lição da ambiguidade na filosofia
de M. Merleau-Ponty
por Artur Morão

edições 70

APRESENTAÇÃO

A LIÇÃO DA AMBIGUIDADE NA FILOSOFIA DE M. MERLEAU-PONTY

Dificilmente se encontrará uma introdução mais oportuna e incisiva ao pensamento de Maurice Merleau-Ponty do que estas suas breves palestras. A concisão e a simplicidade do discurso, a expressão luminosa deixam entrever a profundidade das suas ideias e fornecem linhas e acenos de compreensão e de síntese.

De certo modo, e a propósito, poderia dizer-se que cada grande autor é uma espécie de vórtice vivo e perenemente agitado; a sua obra acaba por girar à volta de um olho central, que tudo atrai e puxa, de um núcleo atractor que gera um movimento de confluência, de espirais homocêntricas e dinâmicas que, por seu turno, arrastam outros elementos para a mesma circulação de ideias, de conceitos, de imagens, de enunciados interpretativos ou explicativos. É possível que, nesse fervilhar noético, nem todos os elementos sejam coesos – de facto, um projecto de pensamento nunca é de todo sistemático, por coerente que seja. Esse olho central, que tudo faz mover e arrasta para o remoínho criativo, para a obra que vai ganhando contorno e perfil, suscita uma unidade de textura vibratória, mas haverá fios que ficam soltos, elementos avocados que nem sempre se enquadrarão na moção de afluxo, de concurso e de convergência, a não ser analogia, por metáfora, por paralelismo, por dissonância, por contraste. Apesar de tudo,

APRESENTAÇÃO

o resultado último suscitará quase sempre uma impressão de consistência e de equilíbrio.

Em Merleau-Ponty, esse atractor nuclear é a percepção. À sua volta, aditiva, sinergética e complexivamente, vão-se polarizando outros temas: o significado do corpo, a sua relação com o mundo e com os outros, a comunicação das consciências no mundo, a intersubjectividade como intercorporeidade, o nexo de desejo e palavra, a relação entre razão e linguagem, a efabibilidade do sensível, o enlace entre o sujeito e o objecto mediante o corpo vivido, a secreta afinidade e complementaridade – em plena diferença – entre ciência e arte na revelação da carne do mundo.

Várias, e importantes, são também as consequências: a superação da alternativa interioridade/exterioridade, a ultrapassagem do naturalismo e do substancialismo (da vida ou do espírito), a cimentação da análise transcendental do sujeito na descrição fenomenológica do vivido da consciência e na sua relação de intencionalidade ao mundo, o deslindar e o realce do *cogito* pré-reflexivo, o reconhecimento do contributo das ciências humanas (por exemplo, da psicologia da forma), a perda da autotransparência do sujeito a si e às coisas, o inacabamento e a abertura essencial do objecto, a ambiguidade da consciência, a perspectividade e o ajustamento progressivo da percepção, a co-implicação recíproca de tempo e espaço na dimensão histórica dos homens, o pluralismo de visões do mundo.

Sem surpresa, a partir de tal ponto de mira surgem igualmente, inevitáveis, as críticas: dos múltiplos dualismos, da visão clássica cartesiana, do solipsismo gnoseológico, da pretensão cognitiva imperialista da ciência, dos excessos do racionalismo e do cepticismo, da obsessão fundacionalista na esfera do conhecimento.

*
* *

Alguns destes temas emergem brevemente nestas palestras.
Da percepção diz-se que não se pode tomar na sua enganadora e aparente imediatidade, como acontece na atitude prática ou utilitária, pois ela é o resultado do esforço longo e do di-

A LIÇÃO DA AMBIGUIDADE NA FILOSOFIA...

latado tempo da cultura. Por outro lado, não é suficiente o procedimento científico para desvendar toda a profundidade do nosso encontro perceptivo com o mundo. A ciência, com as suas medidas, comparações, leis e esquemas, não é o melhor caminho para se aprofundar a natureza da percepção. O concreto e o sensível indicam-lhe antes a tarefa de uma elucidação interminável; o facto percebido, os acontecimentos da evolução e da história do mundo não se rendem ao intuito nomológico do discurso científico e, por isso, persistem na sua opacidade constitutiva. Mais, alguns desenvolvimentos da ciência (teoria da relatividade, mecânica quântica e outros) confirmam que a objectividade derradeira não passa de um sonho; levam-nos, portanto, a rejeitar a ideia de um observador absoluto e impedem que ao acto científico se atribua um rasgo dogmático ou uma espécie de olhar divino, com a sua capacidade de apreensão total

Merleau-Ponty lembra repetidamente que não podemos descurar o horizonte rasgado pela arte e pelo pensamento contemporâneos, que reabilitaram o mundo percebido (inesgotável na sua decifração). A pintura, a poesia e a filosofia, nas suas transformações mais recentes, ensinam-nos a olhar de uma certa forma para as coisas, para os animais, para o homem visto de fora, longe já dos pressupostos da razão e da ciência clássicas com as suas ideias claras ou simples, com a sua distinção de espaço e mundo físico, com a sua convicção acerca da face permanente do universo, com a exclusão do espectador do teatro das coisas e num cenário em que os objectos se encontrariam consigo mesmos numa identidade absoluta, com a visão de um espaço e de um tempo neutros e homogéneos sem a presença sensível do coração, isto é, no fundo não humanamente habitados.

A percepção também não é um acto de pura síntese intelectual, mas, além da sua necessária componente lógica, cognitiva e, por assim dizer, de cálculo (porque organiza, classifica, avalia, conjectura), insere-se em constelações afectivas, na rede do nosso multímodo conceber e das diversas modalidades de pensamento, na cumplicidade do nosso desejo e dos nossos devaneios, na intermitência da nossa vida emocional. Eis a razão por que as qualidades dos objectos não surgem isoladas,

APRESENTAÇÃO

mas estabelecem a correspondência e o conluio dos vários sentidos, se inserem numa movência de significações nunca de todo fixas, segundo o ritmo e a agógica do horizonte peregrinante do saber humano, que é a acção de sujeitos encarnados e dramáticos arrojados ao mundo e vivendo sempre tensivamente a sua história.

Nem as coisas se nos apresentam neutras ou significativamente amorfas e vazias, antes flutuam em atmosferas e turbulências de sentido, em que as suas qualidades específicas se abrem umas às outras, dirigem apelos mútuos, porque inscritas na pericorese de todas as operações humanas do responder aos estímulos do mundo, do imaginar, do valorar, do esperar, do eros do entender, da solicitude do viver, da tentação e do abuso do dominar, da ânsia do habitar e do fruir, e assim por diante.

Não são, pois, neutras as coisas; significam-se a si mediante o nosso gesto corporal, noético e hermeneutizante, que as arranca ao seu mutismo cúmplice e hermético, mas também, com o seu estilo específico de ser, adumbram as nossas condutas e nos significam a nós, numa interface incindível, que junge todos os tempos das nossas vidas. Transparecem e desvelam-se em cada qualidade sua e na constelação de todas. Traem a nossa definição delas, no nosso intento infindável de semantização do real multinivelado e enigmático; não só nos desvendam a sua densidade, a sua profundeza, mas também nos servem de espelho onde nos lemos e descortinamos, onde explicitamos o nosso comportamento e elas nos lêem, no recíproco investimento delas e de nós, no seu diálogo com o nosso corpo.

Não são, de facto, neutras as coisas, porque se integram nas múltiplas narrativas da nossa existência; com elas e sobre elas exercitamos o traço essencial que nos caracteriza, a simbolização. É por isso inadequada a nossa relação às coisas expressa na simples dominação, no trejeito ditatorial do poder, numa distância espiritual neutra, que, nos seus pressupostos, apenas traduz um fundo de indiferença ontológica e gnóstica em face da carne do mundo, de que também somos feitos. Perdemos então a 'proximidade vertiginosa' entre elas e nós, oculta-se-nos o seu 'halo' e (porque não?) a sua aura, que as

A LIÇÃO DA AMBIGUIDADE NA FILOSOFIA...

artes (a pintura, a poesia) – sempre atentas denunciadoras da ilusão de nos considerarmos puros espíritos – procuram restituir e dilucidar.

Se neutras não são as coisas, se não se situam apenas no puro espaço, mas, através da nossa percepção, coexistem e imiscuem o ser ser e o seu devir na trama da nossa vida, da nossa biografia e na nossa difícil epigénese pessoal, e nós, no convívio com elas, reaprendemos a ver o mundo à nossa volta e despertamos para a profundidade misteriosa do nosso vínculo corporal – se, pois, elas neutras não são, então, para lá dos nexos físicos, químicos e outros que com elas temos, comungam no nosso olhar em perene transformação, sempre perspectivado, e na nossa acção multiforme. Acordam-nos, ademais, para o facto de que a nossa razão não é nem jamais será divina, para a humildade da nossa condição terrena que partilhamos com os animais e as plantas. Levam-nos, portanto, a vislumbrar as raízes irracionais da vida humana, a obscuridade do húmus cósmico onde esta vai beber as suas energias e de que se arranca para a luz do sentido, mediante ramos e cachos de significações novas e inéditas que tem de compor e de estruturar, num jogo que engloba ao mesmo tempo o trabalho do conceito, o devaneio, a combinação aleatória, o desvario, a interferência de fantasmas vindos não se sabe donde, o achado de correspondências inéditas e o cabouco sempre surpreendente da linguagem.

Não admira, pois, que Merleau-Ponty denuncie as insuficiências da visão clássica, avessa a reconhecer o seu inacabamento constitutivo: primeiro, a infravaloração do animal que nos recorda a nossa existência arrojada ao mundo, os nossos fracassos e os nossos limites; em seguida, da criança que, supostamente, não passaria de um adulto em miniatura e imaturo; por fim, do primitivo e do louco que ou ainda não teria chegado à razão ou já fora dela se encontraria; e ainda o tácito acordo de princípio entre o pensamento dos homens e o ser das coisas, a obsessão da coerência absoluta e o empenho fundacionalista.

Esquecem também os clássicos que o sujeito percipiente, e por isso pensante, devido à sua condição de encarnado, não enceta sozinho a aventura do pensar e do conhecer.

APRESENTAÇÃO

Coexiste e comparte ele com todos os seres vivos o destino de inventar pelo seu comportamento uma visão peculiar, de 'formar' e estruturar um certo mundo através da percepção, que não pode descolar do seu corpo. Rodeado de coisas, mas não só, não é um puro Si mesmo, nunca vive primeiramente na consciência de si, nem sequer das próprias coisas, mas na experiência de outrem, no entrosamento de uma cultura, na partilha da vida, de instrumentos e de uma história comum, em que a linguagem é o meio essencial. Nasce ele assim para si, como sujeito, somente no diálogo, num complexo relacional de subjectividades socialmente configuradas, onde aprende preferências, se 'interioriza' e experimenta o peso pessoal da decisão e da liberdade, de que os outros jamais o poderão dispensar.

E com os outros vai o sujeito construindo o consenso dos espíritos e a razão, que está sempre à frente, no futuro, no risco, sob a ameaça do fracasso, e não atrás, como se fora uma fonte donde mana infalivelmente a justeza da nossa conduta ou a verdade do nosso discurso sobre o mundo e as coisas. Não consegue nem alcançar a razão de modo definitivo nem a ela renunciar.

Merleau-Ponty acentua, uma e outra vez, que a novidade da nossa época consistiu precisamente em aprender a olhar-se a si mesma a partir de baixo, em desenvolver um olhar estranho para a nossa espécie, pela acção conjunta da literatura, da ciência e da arte; que "ver o homem a partir de fora é a crítica, a saúde do espírito". Tal constitui igualmente uma descoberta de quão ameaçada é a vida humana, não propriamente absurda, mas capaz, apesar de tudo, de preparar momentos de reconhecimento e de encontro recíprocos.

A arte (em especial a pintura), porque ressonância da percepção, é nisto um guia precioso: põe-nos diante do mundo vivido, ensina-nos a perceber, não a definir; não reproduz a realidade nem imita o mundo, mas eleva fragmentos de natureza a mundo e a espectáculo para si, em que a forma e o fundo, devido ao enovelamento de todos os pormenores, à alusão recíproca das partes, não se podem separar. Também na coisa percebida estão unidos o fundo e a forma, o mundo natural e o mundo cultural; porque é perspectivada, também oculta e mascara. Eis porque perdemos o dogmatismo e a certeza dos clássicos na arte, no conhecimento e na acção.

Justifica-se assim a conclusão de Merleau-Ponty: o que nos marca é a ambiguidade e o inacabamento de tudo o que fazemos, o esforço infindo do processo de uma objectivação que só pode ser aproximativa. Na descoberta desta verdade da nossa condição de sempre, caracterizada pela incerteza e pela insegurança, fomos ajudados pela ciência, mas sobretudo pela arte e pela reflexão filosófica. Uma confissão de finitude e de modéstia antropológica, mas também um discernimento premonitório de desenvolvimentos futuros, que se vieram a concretizar, após a sua morte prematura, no antifundacionalismo, na derrocada do empirismo epistemológico, na transformação da filosofia da ciência, na explosão da filosofia da linguagem, no florescimento da da hermenêutica e da temática da ética do discurso.

Artur Morão

NOTA DO EDITOR PORTUGUÊS

A publicação das *Palestras* ou conversações (*Causeries*), enquanto texto inédito, insere-se na divulgação do espólio de Merleau-Ponty, que reúne esquemas ou resumos de cursos (*La Nature*), esboços de livros e notas de trabalho (*Le visible et l'invisible*, *La prose du monde*) ou pequenas comunicações, como as contidas no presente opúsculo, feitas na rádio em 1948, e editadas agora na nossa língua.

O tema gira fundamentalmente à volta da complexidade oculta da percepção, do que nos é revelado pelos sentidos e pelo uso da vida, pelo mundo aparentemente familiar que temos continuamente de redescobrir, com o auxílio da cultura, da arte e do pensamento filosófico – como, aliás, aconteceu desde o final do século XIX e ao longo da primeira metade do século XX.

Para Merleau-Ponty, o sensível – como nos surge no quotidiano – é "a forma universal do Ser bruto", na sua concreção plena, que, além de envolto em mistério, encerra também o inteligível. As presentes palestras ajudarão o leitor a compreender porquê.

ADVERTÊNCIA

Estas sete "palestras" redigidas por Maurice Merleau-Ponty para uma intervenção na rádio foram por ele pronunciadas em 1948. Seis delas, segundo o *Programa definitivo da Rádiodifusão francesa*, foram transmitidas no canal nacional em ritmo semanal, aos sábados de 9 de Outubro a 13 de Novembro de 1948. Gravadas para a emissão intitulada «Hora da cultura francesa», as palestras foram lidas sem qualquer intervenção exterior. A sua gravação conservou-se no INA [Institut National de l'Audiovisuel].

Ao sábado, a emissão tinha por tema geral «A formação do pensamento». As palestras de Maurice Merleau-Ponty eram difundidas no mesmo dia que as de Georges Davy (psicologia dos primitivos), de Emmanuel Mounier (psicologia do carácter), de Maxime Laignel-Lavastine (psicanálise) e do académico Émile Henriot (temas psicológicos na literatura). Aparentemente, segundo os arquivos do INA, nenhum vestígio de preâmbulo, de apresentação dos intervenientes e do tema preciso de cada emissão foi conservado.

O conjunto das palestras foi concebido pelo filósofo como uma série a que deu a ordem das partes e os seus títulos: I. O mundo percebido e o mundo da ciência; II. Exploração do mundo percebido: o espaço; III. Exploração do mundo percebido: as coisas sensíveis; IV. Exploração do mundo percebido: a animalidade; V. O homem visto de fora; VI. A arte e o munto percebido; VII. Mundo clássico e mundo moderno.

PALESTRAS

A presente edição é organizada a partir dos textos dactilografados por Maurice Merleau-Ponty, segundo um plano manuscrito. Estas folhas (fundo privado) contêm correcções pessoais.

A gravação corresponde, na maior parte, a uma leitura fiel, por Merleau-Ponty, dos textos que ele redigiu. Por vezes, o filósofo suprime palavras, acrescenta outras, modifica um encadeamento, muda uma palavra ou uma parte de frase. Nas notas, mencionámos os principais desvios de expressão. Indicámos também as referências bibliográficas e tentámos encontrar as edições que Merleau-Ponty e os seus contemporâneos podiam consultar. Estas investigações mostram a extrema atenção do filósofo pelos trabalhos recentes e pelas últimas edições. As referências estão reunidas na bibliografia, no final do volume.

STÉPHANIE MÉNASÉ

I

O MUNDO PERCEBIDO E O MUNDO DA CIÊNCIA

O mundo da percepção, isto é, aquele que nos é revelado pelos nossos sentidos e pelo uso da vida, parece, à primeira vista, o que nos é mais bem conhecido, porque não são necessários instrumentos nem cálculos para a ele ter acesso; porque nos basta, aparentemente, abrir os olhos e deixar-nos viver para nele penetrarmos. Contudo, tal não passa de uma falsa aparência. Gostaria de mostrar nestas palestras que, em larga medida, o ignoramos enquanto permanecermos na atitude prática ou utilitária, que foi preciso muito tempo, esforço e cultura para pôr tudo a claro; e que um dos méritos da arte e do pensamento modernos (entendo por tal a arte e o pensamento de há 50 ou 70 anos) é fazer-nos redescobrir o mundo onde vivemos, mas que somos sempre tentados a esquecer.

Isto verifica-se especialmente em França. É um traço não só dos filósofos franceses, mas ainda do que, um tanto vagamente, se chama o espírito francês, reconhecer à ciência e aos conhecimentos científicos um valor tal que toda a nossa experiência vivida do mundo se encontra, de uma penada, desvalorizada. Se quero saber o que é a luz, não será ao físico que me devo dirigir? Não será ele que me diz se a luz é, como se pensou em determinada altura, um bombardeamento de projécteis incandescentes ([1]) ou, como também se acreditou,

---

([1]) Segundo a gravação: «bombardeamento de partículas incandescentes».

uma vibração do éter ou, finalmente, como admite uma teoria mais recente, um fenómeno assimilável às oscilações electromagnéticas? De que serviria aqui consultar os nossos sentidos, de nos determos naquilo que a nossa percepção nos ensina acerca das cores, dos reflexos e das coisas que os suportam, pois, evidentemente, trata-se apenas de aparências, e que só o saber metódico do sábio, as suas medidas, as suas experiências nos podem fazer sair das ilusões onde vivem os nossos sentidos e fazer-nos aceder à verdadeira natureza das coisas? Não consistiu o progresso do saber em esquecer o que nos dizem os sentidos ingenuamente consultados, e que tem lugar, num quadro verdadeiro do mundo, só como uma particularidade da nossa organização humana, que a ciência fisiológica um dia explicará, como já explica as ilusões do míope ou do presbita [2]. O mundo verdadeiro não são estas luzes, estas cores, este espectáculo de carne que os meus olhos me proporcionam, são as ondas e os corpúsculos de que a ciência me fala e que descobre por detrás dos fantasmas sensíveis.

Descartes, inclusive, dizia que pelo simples exame das coisas sensíveis e sem recorrer aos resultados das investigações sábias, consigo descobrir a impostura dos meus sentidos e aprender a confiar apenas na inteligência [3]. Digo que vejo um pedaço de cera. Mas que é justamente esta cera? Não é, decerto, nem a cor esbranquiçada nem o odor de flor que ela talvez ainda tenha conservado, nem esta brandura que o meu dedo sente, nem este ruído surdo que a cera faz quando a deixo cair. Nada disso é constitutivo da cera, pois ela pode perder todas estas qualidades, sem deixar de existir, por exemplo se a derreto, e ela se transforma num líquido incolor, sem odor apreciável e que já não resiste ao meu dedo. Digo, contudo,

---

[2] Aquando da gravação, o segmento de frase «só como uma particularidade» foi suprimido.

[3] De acodo com a gravação: «Descartes dizia mesmo que o simples exame das coisas sensíveis e sem recorrer aos resultados das pesquisas sábias, me permite descobrir a impostura dos meus sentidos e me ensina a confiar só na inteligência.»
Descartes, *Méditations métaphysiques,* Méditation seconde, in *Œuvres,* ed. A.T., vol. 9, Paris, Cerf, 1904, reed. Paris, Vrin, 1996, p. 23 ss.; in *Œuvres et lettres,* Paris, Gallimard, col. «La Pléiade», 1937, reed. 1953, p. 279 ss.

O MUNDO PERCEBIDO E O MUNDO DA CIÊNCIA

que ainda ali se encontra a mesma cera. Como será preciso, pois, entendê-la? O que permanece apesar da mudança de estado é apenas um fragmento de matéria sem qualidades e, no limite, um certo poder de ocupar espaço, de receber diferentes formas, sem que nem o espaço ocupado nem a forma recebida sejam determinadas. Eis o núcleo real e permanente da cera. Ora é manifesto que a realidade da cera não se revela somente ao sentidos, porque eles me oferecem sempre objectos de uma grandeza e de uma forma determinadas. Portanto, a verdadeira cera não é vista pelos olhos ([4]). Só a podemos conceber pela inteligência. Quando julgo ver a cera com os meus olhos, nada mais faço do que pensar, através das qualidades que caem sob os sentidos, a cera nua e sem qualidades, que é a sua fonte comum. Para Descartes, portanto, e esta ideia permaneceu durante muito tempo todo-poderosa na tradição filosófica na França ([5]), a percepção é apenas um começo de ciência ainda confuso. A relação da percepção com a ciência é a mesma da aparência com a realidade. A nossa dignidade consiste em remeter-nos à inteligência, a única que nos descobrirá a verdade do mundo.

Quando, há pouco, disse que o pensamento e a arte moderna reabilitam a percepção e o mundo percebido, não pretendi, naturalmente, dizer que eles negavam o valor da ciência, quer como instrumento do desenvolvimento técnico, quer como escola de exactidão e de verdade. A ciência foi e permanece o domínio onde importa aprender o que é uma verificação, o que é uma indagação escrupulosa, o que é a crítica de si mesmo e dos preconceitos pessoais. Era justo que dela tudo se esperasse num tempo em que ainda não existia. Mas a questão que o pensamento moderno levanta a seu respeito não se destina a contestar-lhe a existência ou a fechar-lhe algum domínio. Trata-se de saber se a ciência oferece ou oferecerá uma representação do mundo que seja completa, que se baste a si mesma, que de algum modo se feche sobre si própria de tal maneira que, além dela, já não tenhamos nenhuma questão válida a levantar. Não

---

([4]) Segundo a gravação: «Portanto, a verdadeira cera, diz Descartes, não é vista pelos olhos».
([5]) Segundo a gravação: «tradição filosófica francesa».

se trata de negar ou de limitar a ciência; trata-se de saber se ela tem o direito de negar ou de excluir como ilusórias todas as pesquisas que, como ela, não procedem por medidas, comparações, e que não desembocam em leis como as da física clássica, encadeando tais consequências a tais condições. Não só esta questão não implica qualquer hostilidade a respeito da ciência, mas é a própria ciência, nos seus desenvolvimentos mais recentes, que nos obriga a levantá-la e nos convida a dar-lhe uma resposta negativa.

Desde o final do século XIX, os sábios habituaram-se a considerar as suas leis e as suas teorias, não já como a imagem exacta do que acontece na natureza, mas como esquemas sempre mais simples do que o acontecimento natural, destinados a ser corrigidos por uma investigação mais precisa, numa palavra, como conhecimentos aproximados. Os factos que a experiência nos propõe são submetidos pela ciência a uma análise que não é de esperar que algum dia esteja terminada; é que não há limites para a observação, é sempre possível imaginá-la mais completa ou exacta do que era num dado momento. O concreto e o sensível indicam à ciência a tarefa de uma elucidação interminável; por isso, ele não se pode considerar, à maneira clássica, como uma simples aparência destinada a ser ultrapassada pela inteligência científica. O facto percebido e, de um modo geral, os acontecimentos da história do mundo não podem ser deduzidos de um certo número de leis que constituiriam o rosto permanente do universo; ao invés, a lei é que é uma expressão aproximada do acontecimento físico e deixa subsistir a sua opacidade. O sábio de hoje já não tem, como o sábio do período clássico, a ilusão de aceder ao coração das coisas, ao próprio objecto. Neste ponto, a física da relatividade confirma que a objectividade absoluta e derradeira é um sonho, ao mostrar-nos ([6]) cada observação estritamente ligada à posição do observador, inseparável da sua situação, e rejeitando ([7]) a ideia de um observador absoluto. Não podemos gabar-nos, na ciência, de chegar, pelo exercício de uma inteligência pura e não situada, a um objecto puro de

---

([6]) Segundo a gravação: «ela mostra-nos [...].»
([7]) Segundo a gravação: «e rejeita».

O MUNDO PERCEBIDO E O MUNDO DA CIÊNCIA

todo o traço humano, tal como Deus o veria. Isto nada tira à necessidade da investigação científica; apenas combate o dogmatismo de uma ciência que se tomaria por saber absoluto e total. Isto faz simplesmente justiça a todos os elementos da experiência humana e, em particular, à nossa percepção sensível.

Enquanto a ciência e a filosofia das ciências abriam assim a porta a uma exploração do mundo percebido, a pintura, a poesia e a filosofia entravam [8] decididamente no domínio que assim lhes era reconhecido e davam-nos das coisas, do espaço, dos animais e até do homem visto de fora, tal como aparece no campo da nossa percepção, uma visão muito nova e muito característica da nossa época. Nas próximas palestras, gostaríamos de descrever algumas das aquisições desta inquirição.

---

[8] Segundo a gravação: «Enquanto a ciência e a filosofia das ciências abriam assim a porta a uma exploração do mundo percebido, acontece que a pintura, a poesia e a filosofia entravam [...].»

II

EXPLORAÇÃO DO MUNDO PERCEBIDO: O ESPAÇO

Observou-se muitas vezes que o pensamento e a arte modernos são difíceis: é mais difícil compreender e gostar de Picasso do que de Poussin ou Chardin, de Giraudoux ou Malraux do que de Marivaux ou Stendhal. E, por vezes, tirou-se daí a conclusão (como J. Benda en *La France Byzantine* ([1]) de que os escritores modernos eram bizantinos, difíceis unicamente porque nada tinham a dizer e substituíam a arte pela subtileza. Não há juízo mais cego do que esse. O pensamento moderno é difícil, opõe-se ao senso comum, porque tem a preocupação da verdade e porque a experiência já não lhe permite, honestamente, ater-se a ideias claras ou simples às quais o senso comum está ligado, porque lhe dão a tranquilidade.

Deste obscurecimento das noções mais simples, desta revisão dos conceitos clássicos que o pensamento moderno leva a cabo em nome da experiência, gostaria de encontrar hoje um exemplo na ideia que, antes demais, parece a mais clara de todas: a ideia de espaço. A ciência clássica está alicerçada numa distinção clara do espaço e do mundo físico. O

([1]) Julien Benda, *La France Byzantine* ou *Le Triomphe de la littérature pure, Mallarmé, Gide, Valéry, Alain, Giraudoux, Suarès. les surréalistes, essai d'une psychologie originelle du littérateur,* Paris, Gallimard, 1945; reed. Paris, UGE, col. "10/18", 1970.

espaço é o meio homogéneo em que as coisas estão distribuídas segundo três dimensões, e onde conservam a sua identidade, apesar de todas as mudanças de lugar. Há muitos casos em que, por se ter deslocado um objecto, se assiste à mudança das suas propriedades; por exemplo do peso, se o objecto se transportar do pólo para o equador, ou até da forma, se o aumento da temperatura deformar o sólido. Mas estas mudanças de propriedades não são imputáveis à própria deslocação, pois o espaço é o mesmo no pólo e no equador; as condições físicas de temperatura é que variam aqui e acolá, o domínio da geometria permanece rigorosamente distinto do da física, a forma e o conteúdo do mundo não se misturam. As propriedades geométricas do objecto permaneceriam as mesmas no decurso da sua deslocação, se as condições físicas a que se encontra submetido não fossem variáveis. Tal era o pressuposto da ciência clássica. Tudo muda quando, com as geometrias ditas não euclidianas, se chega a conceber como uma curvatura própria do espaço, uma alteração das coisas pelo simples facto da sua deslocação, uma heterogeneidade das partes do espaço e das suas dimensões que já não se podem substituir uma à outra e afectam com certas mudanças os corpos que nele se deslocam. Em vez de um mundo, onde a parte do idêntico e a da mudança estão estritamente delimitadas e referidas a princípios diferentes, temos um mundo em que os objectos não podem estar numa identidade absoluta consigo mesmos, em que forma e conteúdo estão como que emaranhados e mesclados e que, finalmente, não proporciona a armadura rígida que lhe fornecia o espaço homogéneo de Euclides. Torna-se impossível distinguir rigorosamente o espaço e as coisas no espaço, a pura ideia do espaço e o espectáculo concreto que os nossos sentidos nos dão.

Ora as explorações da pintura moderna concordam curiosamente com as da ciência. O ensino clássico distingue o desenho e a cor ([2]): desenha-se o esquema espacial do objecto, em seguida enche-se de cores. Cézanne, pelo contrário, diz: «à

([2]) Segundo a gravação: «O ensino clássico, na pintura, distingue o desenho e a cor [...].»

EXPLORAÇÃO DO MUNDO PERCEBIDO: O ESPAÇO

medida que se pinta, desenha-se» (³) – querendo com isso dizer que, nem no mundo percebido nem sobre o quadro que o exprime, o contorno e a forma do objecto são estritamente distintos da cessação ou da alteração das cores, da modulação colorida que tudo deve conter: forma, cor própria, fisionomia do objecto, relação do objecto com os objectos vizinhos. Cézanne quer gerar o contorno e a forma dos objectos como a natureza os gera sob os nossos olhos: pelo arranjo das cores. Daí que a maçã que ele pinta, estudada com uma paciência infinita na sua textura colorida, acabe por inchar, por rebentar para fora dos limites que o sábio desenho lhe imporia.

Neste esforço por reencontrar o mundo tal como o apreendemos na experiência vivida, todas as precauções da arte clássica voam em estilhaços. O ensinamento clássico da pintura baseia-se na perspectiva – isto é, perante uma paisagem, por exemplo, o pintor decidia referir na tela apenas uma representação inteiramente convencional do que vê. Vê a árvore perto de si, em seguida fixa o seu olhar mais longe, no caminho, depois, por fim, levanta-o para o horizonte e, de acordo com o ponto que fixa, as dimensões aparentes dos outros objectos são, de cada vez, modificadas. Na sua tela, fará figurar somente um compromisso entre estas diversas visões, esforçar-se-á por encontrar um denominador comum a todas estas percepções, atribuindo a cada objecto não o tamanho, as cores e o aspecto que ele apresenta quando pintor o fixa, mas um tamanho e um aspecto convencionais, os que se ofereceriam a um olhar fixo na linha de horizonte num determinado ponto de fuga, para o qual se orientam doravante todas as linhas da paisagem, que correm do pintor para o horizonte. As paisagens assim pintadas têm, portanto, o aspecto aprazível, decente, respeitoso, que lhes vem de serem dominadas por um olhar fixo no infinito. Estão à distância, o espectador não está nelas incluído, estão em boa companhia, e o olhar desliza com facilidade sobre uma paisagem sem asperezas, que nada opõe à sua tranquilidade soberana. Mas não é assim que o mundo se nos apresenta no

---

(³) Émile Bernard, *Souvenirs sur Paul Cézanne,* Paris. À la rénovation esthétique, 1921, p. 39; reed. *in* Joachim Gasquet, *Cézanne,* Paris, Bernheim-Jeune, 1926; reed. Grenoble, Cynara, 1988, p. 204.

contacto que a percepção nos faculta. A cada momento, enquanto o nosso olhar vagueia através do espectáculo, estamos sujeitos a um certo ponto de vista, e estes instantâneos sucessivos, para uma determinada parte da paisagem, não se podem sobrepor. O pintor só conseguiu dominar esta série de visões e dela extrair uma única paisagem eterna com a condição de interromper o modo natural de visão: muitas vezes, fecha um olho, mede com o seu lápis a grandeza aparente de um pormenor, que modifica mediante este processo e, submetendo-os todos a esta visão analítica, constrói assim na tela uma representação da paisagem que não corresponde a nenhuma das visões livres, domina o seu desenrolar movimentado, mas também lhe suprime a vibração e a vida. Se muitos pintores, depois de Cézanne, recusaram sujeitar-se à lei da perspectiva geométrica, é porque pretendiam refazer e suscitar o próprio nascimento da paisagem sob os nossos olhos; não se contentavam com um relatório analítico e gostariam de assimilar o próprio estilo da experiência perceptiva. As diferentes partes do seu quadro são, portanto, conspectos de pontos de vista diferentes, dando ao espectador desatento a impressão de "erros de perspectiva", mas proporcionando aos que olham atentamente o sentimento de um mundo onde jamais dois objectos são vistos simultaneamente, onde, entre as partes do espaço, se interpõe sempre a duração necessária para levar o nosso olhar de uma à outra, onde o ser não é dado, mas aparece ou transparece através do tempo.

O espaço já não é este meio das coisas simultâneas, que um observador absoluto, igualmente próximo de todas elas, poderia dominar, sem ponto de vista, sem corpo, sem situação espacial, em suma, pura inteligência – o espaço da pintura moderna, dizia não há muito Jean Paulhan, é o "espaço sensível ao coração" ([4]), onde também nós estamos situados, perto de nós, organicamente a nós ligado. "É possível que, num tempo dedicado à medida técnica, e como que devorado pela quanti-

---

([4]) «La Peinture moderne ou l'espace sensible au cœur», *La Table ronde*, n°2, fev. 1948, p. 280; «l'espace sensible au cœur», a expressão é retomada neste artigo remodelado para *La Peinture cubiste*, 1953, Paris, Gallimard, col. «Folio essais», 1990, p. 174.

EXPLORAÇÃO DO MUNDO PERCEBIDO: O ESPAÇO

dade, acrescentava Paulhan, o pintor cubista celebre à sua maneira, num espaço menos concedido à nossa inteligência do que ao nosso coração, alguma silenciosa boda e reconciliação do mundo como homem" ([5]).

Depois da ciência e da pintura, também a filosofia e, sobretudo, a psicologia parecem dar-se conta de que as nossas relações com o espaço não são as de um puro sujeito desencarnado com um objecto longínquo, mas as de um habitante do espaço, com o seu meio familiar. Por exemplo, na compreensão da famosa ilusão de óptica estudada já por Malebranche, e que faz que a lua ao surgir, quando ainda presente no horizonte, nos pareça muito maior do que quando chega ao zénite ([6]). Malebranche supunha aqui que a percepção humana, por uma espécie de raciocínio, sobreestima a grandeza do astro. Se, de facto, o contemplarmos através de um canudo de papelão ou de uma caixa de fósforos, a ilusão desaparece. Deve-se ela, pois, ao facto de que a lua, quando nasce, se nos apresenta para lá dos campos, dos muros, das árvores, e que este grande número de objectos interpostos nos torna sensível a sua grande distância; inferimos então que, para conservar a grandeza aparente que ela conserva, apesar de tão afastada, é preciso que a lua seja muito grande. O sujeito que percepciona seria aqui comparável ao sábio que julga, avalia, conclui, e a grandeza percebida seria, na realidade, julgada. Não é assim que a maior parte dos psicólogos de hoje interpreta a ilusão da lua no horizonte. Descobriram, graças a experiências sistemáticas, que é uma propriedade geral do nosso campo de percepção comportar uma notável constância das grandezas aparentes no plano horizontal, enquanto, pelo contrário, diminuem muito depressa com a distância num plano vertical, e tal, decerto, porque o plano horizontal, para nós, seres terrestres, é aquele onde se realizam as deslocações vitais, onde se desenrola a nossa actividade. Assim, o que Malebranche interpretava pela actividade de uma pura inteligência, os psicólogos desta escola

---

([5]) *La Table ronde, ibid.*, p. 280.

([6]) Malebranche, *De la recherche de la verité*, 1. I, cap. 7, §5, ed. G. Lewis, Paris, Vrin, t. 1, 1945, p. 39-40; in *Œuvres complètes,* Paris, Gallimard, col. «La Pléiade», 1979, t. 1, p. 70-71.

referem-no a uma propriedade natural do nosso campo de percepção, a nós, seres encarnados e condenados a mover-se sobre a terra. Na psicologia e na geometria, à ideia de um espaço homogéneo oferecido inteirinho a uma inteligência sem corpo substitui-se a ideia de um espaço heterogéneo, com direcções privilegiadas, que estão em relação com as nossas particularidades corporais e com a nossa situação de seres arrojados ao mundo. Reencontramos aqui, pela primeira vez, a ideia de que o homem não é um espírito *e* um corpo, mas um espírito *com* um corpo, e que só acede à verdade das coisas porque o seu corpo está como que nelas implantado. A próxima palestra mostrar-nos-á que tal não se verifica apenas com o espaço, e que em geral todo o ser exterior só nos é acessível mediante o nosso corpo, e revestido de atributos humanos que fazem dele também uma mescla de espírito e de corpo.

III

EXPLORAÇÃO DO MUNDO PERCEBIDO: AS COISAS SENSÍVEIS

Se, após termos examinado o espaço, considerarmos as próprias coisas que o preenchem, e se a tal respeito interrogarmos um manual clássico de psicologia, este dir-nos-á que a coisa é um sistema de qualidades oferecidas aos diferentes sentidos e reunidas por um acto de síntese intelectual. Por exemplo, o limão é esta forma oval afunilada nos dois extremos, *mais* esta cor amarela, *mais* este contacto fresco, *mais* este sabor ácido... Todavia, semelhante análise deixa-nos insatisfeitos porque não vemos o que une cada uma destas qualidades ou propriedades às outras, e porque nos parece que o limão possui a unidade de um ser em que todas as qualidades são apenas diferentes manifestações.

A unidade da coisa permanece misteriosa enquanto as suas diferentes qualidades (cor, sabor, por exemplo) se considerarem como outros tantos dados que pertencem aos mundos rigorosamente distintos da visão, do olfacto, do tacto, etc. A psicologia moderna, porém, seguindo as indicações de Goethe, observou que cada uma destas qualidades, longe de estar rigorosamente isolada, possui uma significação afectiva que a põe em correspondência com as dos outros sentidos. Por exemplo, como bem o sabem aqueles que têm de escolher as tapeçarias para um apartamento, cada cor liberta uma espécie de atmosfera moral, que a torna triste ou alegre, deprimente ou tónica; e como igualmente acontece com os sons ou os dados tácteis, pode dizer-se que cada um equivale a um certo som ou a uma certa temperatura. E é isto que faz que certos cegos, quando se lhes descrevem as cores, cheguem, por exemplo, a representá-las pela analogia de um som. Com a condição, portanto, de que se reponha a qualidade na experiência humana que lhe confere uma certa significação emocional, a sua relação com outras qualidades, que com ela nada têm de comum, começa a tornar-se compreensível. Há, inclusive, qualidades, muito numerosas na nossa experiência, que quase não têm nenhum sentido se excluirmos as reacções que elas suscitam no nosso corpo. Assim o meloso. O mel é um flúido lento; tem alguma consistência, deixa-se agarrar, mas em seguida, sorrateiramente, escorre pelos dedos e volta a si mesmo. Não só se desfaz tão depressa como foi modelado, mas ainda, invertendo os papéis, é ele que se apossa das mãos de quem o desejava agarrar. A mão viva, exploradora, que julgava dominar o objecto, vê-se atraída por ele e colada no ser exterior. "Num sentido, escreve Sartre, a quem se deve esta bela análise, é como uma docilidade suprema do possuído, uma fidelidade de cão que se *dá*, mesmo quando já nada mais dele se quer; noutro sentido, existe, sob esta docilidade, uma sorrateira apropriação do possuidor pelo possuído ([1]). Uma qualidade como o meloso – e é o que a torna capaz de simbolizar uma conduta humana – só se compreende pelo debate que ela estabelece entre o eu como sujeito incarnado e o objecto exterior, que é o seu portador; de tal qualidade só existe uma definição humana.

Mas, assim considerada, cada qualidade abre-se às qualidades dos outros sentidos. O mel é açucarado. Ora o açucarado, "doçura indelével, que permanece indefinidamente na boca e sobrevive à deglutição" ([2]), é na ordem dos sabores a mesma presença peganhenta que a viscosidade do mel realiza na ordem do tacto. Dizer que o mel é viscoso e dizer que é açucarado são duas maneiras de dizer a mesma coisa, a saber, uma certa relação da coisa a nós, ou uma certa conduta que ela nos sugere ou nos impõe, uma certa maneira que ela tem de seduzir, de atrair, de fascinar o livre sujeito que com ela se encontra confrontado. O mel é um certo comportamento do mundo para

---

([1]) Jean-Paul Sartre, *L'Être et le Néant,* Paris, Gallimard, 1943; reed. col. «Tel», 1976, p. 671.
([2]) *Ibid.*

EXPL. DO MUNDO PERCEBIDO: AS COISAS SENSÍVEIS

com o meu corpo e para comigo. E é o que faz que as diferentes qualidades que possui não sejam simplesmente justapostas nele, mas, pelo contrário, idênticas na medida em que manifestam todas a mesma maneira de ser ou de se conduzir no mel. A unidade da coisa não está atrás de cada uma das suas qualidades: por cada uma delas é reafirmada, cada uma delas é a coisa inteira. Cézanne dizia que se deve poder pintar o cheiro das árvores [3]. No mesmo sentido, Sartre escreve, em *L'Être et le Néant* [4] que cada qualidade é "reveladora do ser" do objecto. "O [amarelo do] limão, prossegue ele, estende-se através das suas qualidades e cada uma destas estende-se através de cada uma das outras. É a acidez do limão que é amarela, é o amarelo do limão que é ácido; come-se a cor de um bolo e o gosto deste bolo é o instrumento que desvela a sua forma e a sua cor ao que chamaremos a intuição alimentar [...]. A fluidez, a tepidez, a cor azul, a mobilidade ondulada da água de uma piscina são dadas, de repente, umas através das outras [...]" [5].

As coisas não são, portanto, diante de nós simples *objectos* neutros, que contemplaríamos; cada uma delas simboliza para nós uma certa conduta, lembra-no-la, provoca em nós reacções favoráveis ou desfavoráveis; é por isso que os gostos de um homem, o seu carácter, a atitude que tomou a respeito do mundo e do ser exterior, se lêem nos objectos com que escolheu rodear-se, nas cores que prefere, nos lugares de passeio que escolhe. Claudel diz que os Chineses constróem jardins de pedra, onde tudo é rigorosamente seco e desnudado [6]. Nesta mineralização

---

[3] Joachim Gasquet, *Cézanne*, Paris, Bernheim-Jeune, 1926; reed. Grenoble, Cynara, p. 133.

[4] Col. «Tel», p. 665.

[5] *Ibid., p. 227.*

[6] Paul Claudel, *Connaissance de l'Est*, (1895-1900), Paris, Mercure de France, 1907; reed. 1960, p. 63: «Assim como uma paisagem não é constituída pela erva e pela cor da folhagem, mas pela consonância das suas linhas e do movimento das suas terras, os Chineses *constróem* os seus jardins, literalmente, com pedras. Esculpem, em vez de pintar. Susceptível de elevações e de profundidades, de contornos e de relevos, pela variedade dos seus planos e dos seus aspectos, a pedra pareceu-lhes mais dócil e mais limpa do que o vegetal, reduzido ao seu papel natural de decoração e de ornamento, para criar o sítio humano».

do ambiente, é necessário ler uma recusa da humidade vital, e como que uma preferência da morte. Os objectos que assediam os nossos sonhos são, de igual modo, significativos. A nossa relação com as coisas não é uma relação distante, cada uma delas fala ao nosso corpo e à nossa vida, são revestidas de caracteres humanos (dóceis, doces, hostis, resistentes) e, inversamente, vivem em nós como outros tantos emblemas das condutas que apreciamos ou detestamos. O homem está investido nas coisas e as coisas estão nele investidas. Para falar como os psicanalistas, as coisas são complexos. É o que pretendia dizer Cézanne, ao falar de um certo "halo" das coisas, que importa restituir pela pintura ([7]).

É o que também quer dizer um poeta contemporâneo, Francis Ponge, que eu gostaria agora de tomar como exemplo. Num estudo que lhe consagrava, Sartre escrevia: as coisas "habitaram nele durante longos anos, povoam-no, atapetam o fundo da sua memória, estavam nele presentes [...]; e o seu esforço actual visa muito mais pescar no fundo de si próprio, e *repoduzir*, os monstros inquietos e floridos do que fixar as suas qualidades após observações escrupulosas" ([8]). E, com efeito, a essência da água e de todos os elementos encontra-se menos nas suas propriedades observáveis do que naquilo que eles nos dizem. Eis o que Ponge diz da água:

"Ela é branca e brilhante, informe e fresca, passiva e obstinada no seu único vício: a gravidade; dispondo de meios excepcionais para satisfazer este vício: contornando, traspassando, erodindo, filtrando.

No interior dela mesma também este vício está activo: ela desmorona-se sem cessar, renuncia a cada instante a toda a forma, tendendo apenas a humilhar-se, deita-se de barriga sobre o solo, quase cadáver, como os monges de certas ordens. [...]

Quase se poderia dizer que água é louca, por causa desta histérica necessidade de obedecer apenas à sua gravidade, que a possui como uma ideia fixa. [...])

([7]) Joachim Gasquet, *Cézanne*, op. cit. p. 205.
([8]) Jean-Paul Sartre, *L'Homme et les Choses*, Paris, Seghers, 1947, p. 10-11; incluído em *Situations*, I, Paris, Gallimard, 1948, p. 227.

EXPL. DO MUNDO PERCEBIDO: AS COISAS SENSÍVEIS

LÍQUIDO é, por definição, o que prefere obedecer à gravidade, mais do que manter a sua forma, o que recusa toda a forma para obedecer à sua gravidade. E que perde todo o porte por causa desta ideia fixa, deste escrúpulo doentio. [...]
Inquietude da água: sensível à menor mudança de declive. Saltando as escadas com os dois pés ao mesmo tempo. Brincalhona, pueril pela obediência, regressando de imediato quando a chamamos, mudando a inclinação deste lado ([9]).

Encontrareis uma análise do mesmo género, alargada a todos os elementos, na série de obras que Gaston Bachelard, alternadamente, consagrou ao ar ([10]), à água ([11]), ao fogo ([12]) e à terra ([13]); nelas mostra em cada elemento como que uma pátria para cada tipo de homens, o tema dos seus devaneios, o meio favorito de uma imaginação que orienta a sua vida, o sacramento natural que lhe dá força e felicidade. Todas estas inquirições são tributárias da tentativa surrealista, que, já há trinta anos, buscava nos objectos no meio dos quais vivemos, e sobretudo nos objectos encontrados a que nos apegamos, por vezes com uma paixão singular, os "catalisadores do desejo", como diz André Breton ([14]) – o lugar onde o desejo humano se manifesta ou se "cristaliza".

Há, pois, uma tendência bastante geral para reconhecer, entre o homem e as coisas, não já a relação de distância e de dominação que existe entre o espírito soberano e o pedaço de cera na célebre análise de Descartes, mas uma relação menos clara, uma proximidade vertiginosa que nos impede de nos apreendermos como puro espírito ao lado das coisas, ou de definir as coisas como puros objectos e sem qualquer atributo

---

([9]) Francis Ponge, *Le Parti pris des choses,* Paris, Gallimard, 1942; reed. col. «Poésie», 1967, p. 61-63.
([10]) Gaston Bachelard, *L'Air et les Songes,* Paris, José Corti, 1943.
([11]) *L'Eau et les Rêves,* Paris, José Corti, 1942.
([12]) *La Psychanalyse du feu,* Paris, Gallimard, 1938.
([13]) *La Terre et les Rêveries de la volonté,* Paris, José Corti, 1948; et *La Terre et les Rêveries du repos,* Paris, José Corti, 1948.
([14]) Uma alusão, sem dúvida, a *L'Amour fou,* Paris, Gallimard, 1937; reed. 1975.

humano. Regressaremos a esta observação quando, no fim destas palestras, indagarmos como elas nos levam a representar a situação do homem no mundo.

IV

EXPLORAÇÃO DO MUNDO PERCEBIDO: A ANIMALIDADE

Quando da ciência, da pintura e da filosofia clássicas se passa à ciência, à pintura e à filosofia modernas, assiste-se, dizíamos nós nas três palestras anteriores, a uma espécie de despertar do mundo percebido. Reaprendemos a ver o mundo à nossa volta, do qual nos tínhamos afastado devido à convicção de que os nossos sentidos nada de válido nos ensinam e que só o saber rigorosamente objectivo merece ser conservado. Tornamo-nos de novo atentos ao espaço onde estamos situados, e que só é visto segundo uma perspectiva limitada, a nossa, e que é também a nossa residência e com o qual mantemos relações carnais – redescobrimos em cada coisa um certo estilo de ser que dela faz um espelho das condutas humanas – enfim, entre nós e as coisas não se estabelecem as puras relações de um pensamento dominador e de um objecto ou de um espaço completamente desdobrado diante dele, mas a relação ambígua de um ser encarnado e limitado com um mundo enigmático que ele entrevê, que não cessa sequer de assediar, mas sempre através das perspectivas que lho ocultam tanto quanto o revelam, através do aspecto humano que toda a coisa assume sob um olhar humano (¹).

Mas, neste mundo assim transformado não estamos sós, não nos encontramos sequer entre homens. Ele oferece-se igualmente aos animais, às crianças, aos primitivos, aos loucos que o habitam à sua maneira, que também com ele coexistem, e iremos ver hoje que, ao reencontrar o mundo percebido (²), nos tornamos capazes de achar mais sentido e mais interesse nestas formas extremas ou aberrantes da vida ou da consciência, pelo que é o espectáculo inteiro do mundo e do próprio homem que, no fim de contas, recebe uma nova significação (³).

Sabe-se muito bem que o pensamento clássico não faz grande caso do animal, da criança, do primitivo ou do louco. Recorda-se que Descartes via no animal apenas uma soma de rodas, de alavancas, de molas (⁴), enfim, uma máquina; quando o animal não passava de uma máquina, era, no pensamento clássico, um esboço de homem, e muitos entomologistas não recearam projectar nele os rasgos principais da vida humana. O conhecimento das crianças e dos doentes permaneceu, durante muito tempo, rudimentar, em virtude dos mesmos preconceitos: as perguntas que o médico ou o experimentador lhes faziam

---

(¹) O início desta palestra é resumido aquando da gravação. Merleau-Ponty começa assim: «Dizíamos, nas precedentes palestras, que quando, com o pensamento moderno, se regressa ao mundo da percepção, se assiste ao desaparecimento, entre o homem e as coisas, das puras relações de um pensamento dominador, de um objecto ou de um espaço completamente exposto diante dele. Vê-se aparecer a relação ambígua de um ser encarnado e limitado com um mundo enigmático, que ele entrevê, que ele não cessa mesmo de assediar, mas sempre através das perspectivas que lho escondem tanto como lho revelam, através do aspecto humano que toda a coisa assume sob o olhar humano.»

(²) Segundo a gravação: «Ele oferece-se também aos animais, às crianças, aos primitivos, aos loucos que o habitam como nós, à sua maneira, que também com ele coexistem, e iremos ver hoje que, ao reencontrar o mundo percebido [...]. »

(³) Aquando da leitura, o último segmento de frase «que, no fim de contas recebe uma nova, significação» foi suprimido.

(⁴) *Discours de la méthode*, 5ª parte, in *Œuvres*, ed. A.T., Paris, Cerf, 1902; reed. Paris, Vrin, 1996, vol. VI, p. 57-58; in *Œuvres et lettres,* Paris, Gallimard, col. «La Pléiade», 1937, reed. 1953, p. 164. [*Discurso do Método,* col. "Textos Filosóficos". Nº 9, Edições 70, Lisboa.]

EXPLORAÇÃO DO MUNDO PERCEBIDO: A ANIMALIDADE

eram questões de homem ([5]), não se tentava compreender como vivem por sua conta, mas medir a distância que os separa do adulto ou do homem são nas suas acções ordinárias. Quanto aos primitivos, ou se buscava neles uma imagem embelezada do civilizado ou, pelo contrário, como Voltaire no *Ensaio sobre os costumes* ([6]), divisava-se nos seus usos ou nas suas crenças apenas uma série de absurdidades inexplicáveis. Tudo se passa como se o pensamento clássico estivesse perante um dilema: ou o ser a que nos referimos é semelhante a um homem, e então é permitido atribuir-lhe por analogia os caracteres geralmente reconhecidos no homem adulto e são; ou então não é mais do que uma mecânica cega, um caos vivo, e não há assim meio algum de descobrir um sentido para a sua conduta.

Porque é que tantos escritores clássicos mostram indiferença para com os animais, as crianças, os loucos, os primitivos? ([7]) É que estão persuadidos de que existe um *homem realizado*, destinado a ser "senhor e dono" da natureza, como dizia Descartes ([8]), capaz, portanto, por princípio de penetrar no ser das coisas, de constituir um conhecimento soberano, de decifrar todos os fenómenos, não só os de natureza física, mas ainda os que a história e as sociedades humanas nos mostram, de os explicar pelas suas causas e, finalmente, de encontrar em qualquer acidente do seu corpo a razão das anomalias que mantêm a criança, o primitivo, o louco, o animal afastados da verdade ([9]). Existe, para o pensamento clássico, uma razão de direito divino, quer porque ele concebe a razão humana como

---

([5]) Segundo a gravação: «as perguntas que o médico ou o experimentador lhes faziam eram questões de homens sãos ou adultos».

([6]) *Essai sur l'histoire générale et sur les mœurs et l'esprit des nations, depuis Charlemagne jusqu'à nos jours* (1753, ed. aum. 1761-1763).

([7]) Frase interrogativa suprimida aquando da gravação.

([8]) *Discours de la méthode*, 6ª parte, in *Œuvres*, ed. A.T., loc. cit., vol. VI, p. 62, 1, 7-8; in *Œuvres et lettres*, loc. cit., p. 168.

([9]) Segundo a gravação: «É que o pensamento clássico está persuadido de que existe um *homem realizado,* destinado a ser "senhor e dono" da natureza, como dizia Descartes, capaz, portanto, por princípio de penetrar no ser das coisas, de decifrar todos os fenómenos, não só os da natureza física, mas ainda os que a história e a sociedade humanas nos mostram, de os explicar pelas suas causas e, finalmente, de encontrar em alguma causa corporal ou social a razão das anomalias que mantêm a criança, o primitivo, o louco, o animal afastados da verdade.»

41

o reflexo de uma razão criadora, quer porque, mesmo após ter renunciado a toda a teologia, postula, como muitas vezes acontece, um acordo de princípio entre a razão dos homens e o ser das coisas ([10]). Em tal perspectiva, as anomalias de que falamos só podem ter o valor de curiosidades psicológicas, a que, com condescendência, se atribui um lugar num canto da psicologia e da sociologia "normais".

Mas é justamente esta convicção, ou antes este dogmatismo, que uma ciência e uma reflexão mais amadurecida põem em questão. É certo que o mundo da criança, do primitivo, do doente e, com maior razão, do animal, tanto quanto o podemos reconstituir através da sua conduta, não constituem sistemas coerentes; e que, pelo contrário, o do homem são, adulto e civilizado aspira a esta coerência. Mas o ponto essencial é que ele não a *possui*, ela permanece uma ideia ou um limite jamais efectivamente alcançado; por conseguinte, o "normal" não pode fechar-se em si, deve preocupar-se por compreender anomalias de que nunca está de todo isento. É convidado a examinar-se sem complacência, a redescobrir em si mesmo toda a espécie de fantasmas, de devaneios, de condutas mágicas, de fenómenos obscuros, que permanecem todo-poderosos na sua vida privada e pública, nas suas relações com os outros homens, que deixam mesmo, no seu conhecimento da natureza, toda a espécie de lacunas pelas quais se insinua a poesia. O pensamento adulto, normal e civilizado vale mais do que o pensamento infantil, mórbido ou bárbaro, mas com uma condição: que não se tome por pensamento de direito divino, que se meça sempre mais honestamente nas obscuridades e nas dificuldades da vida humana, que não perca o contacto com as raízes irracionais desta; que, por fim, a razão reconheça que o seu mundo também é inacabado, não pretenda ter ultrapassado o que ela se limitou a mascarar, e não tenha por incontestáveis uma civilização e um conhecimento, cuja função mais elevada é, pelo contrário, contestar ([11]).

([10]) Segundo a gravação: «quer porque, mesmo após ter renunciado a toda a teologia, recolhe, sem o dizer, a herança e postula um acordo de princípio entre a razão dos homens e o ser das coisas».

([11]) Da gravação: «uma civilização e um conhecimento cuja função mais apropriada é, pelo contrário, discutir e contestar».

EXPLORAÇÃO DO MUNDO PERCEBIDO: A ANIMALIDADE

É neste espírito que a arte e o pensamento modernos reconsideram, com um interesse renovado, as formas de existência mais afastadas de nós, porque põem em evidência o movimento pelo qual todos os seres vivos e nós próprios tentamos pôr em forma um mundo que não está predestinado aos empreendimentos do nosso conhecimento e da nossa acção. Enquanto o racionalismo clássico não estabelecia ([12]) nenhum meio entre matéria e inteligência e punha os seres vivos, se não fossem inteligentes, na categoria de simples máquinas, e a própria noção de vida na categoria das ideias confusas, os psicólogos de hoje mostram-nos, pelo contrário, que há uma percepção de vida, cujas modalidades eles tentam descrever. No último ano, A. Michotte, de Lovaina, num interessante trabalho sobre a percepção do movimento ([13]), mostrava que certas deslocações de traços luminosos num ecrã nos dão irrecusavelmente a impressão de um movimento vital. Se, por exemplo, dois traços verticais e paralelos se afastam um do outro e, em seguida, enquanto o primeiro prossegue o seu movimento, o segundo inverte o seu e torna a colocar-se, relativamente ao primeiro, na posição de partida, temos irresistivelmente o sentimento de assistir a um movimento de reptação. embora a figura exposta aos nossos olhos em nada se assemelhe a uma lagarta, e não consiga evocar a sua lembrança. Aqui, é a própria estrutura do movimento que se deixa ler como movimento "vital". A deslocação das linhas observada surge a cada instante como momento de uma acção global pela qual um certo ser, cujo fantasma vemos no ecrã, realiza, em seu proveito, um transporte espacial. O espectador julga ver, no momento da "reptação", uma matéria virtual, uma espécie de protoplasma fictício escoar-se do centro do "corpo" para os prolongamentos móveis que ele lança para diante de si. Assim, diga o que disser talvez uma biologia mecanicista ([14]), o mundo em que vivemos não é, em todo o caso, feito só de coisas e de espaço; alguns dos fragmentos de matéria que chamamos vi-

---

([12]) Segundo a gravação: «via».

([13]) Albert Michotte, *La Perception de la causalité,* Lovaina, Instituto superior de psicologia, 1947.

([14]) Inciso suprimido aquando da gravação.

vos põem-se a desenhar à sua volta e pelos seus gestos, ou pelo seu comportamento, uma visão das coisas que é a sua, e que nos surgirá somente se nos dispusermos ao espectáculo da animalidade, se coexistirmos com a animalidade, em vez de lhe recusarmos temerariamente toda a espécie de interioridade.

    Em experiências já velhas de vinte anos, o psicólogo alemão Köhler tentava descrever a estrutura do universo dos chimpanzés ([15]). Fez justamente notar que a originalidade da vida animal não pode surgir enquanto surgirem, como acontecia em muitas experiências clássicas, problemas que não são os seus. A conduta do cão pode revelar-se absurda e maquinal enquanto o problema, que ele tem de resolver, consistir em fazer funcionar uma fechadura, ou em actuar sobre uma alavanca ([16]). Tal não quer dizer que, considerado na sua vida espontânea e perante questões que ela levanta, o animal não trate o seu ambiente segundo as leis de uma espécie de física espontânea, não estabeleça certas relações e não as utilize para alcançar certos resultados, enfim, não elabore as influências do meio de um modo característico da espécie.

    Porque o animal é o centro de uma espécie de "formação" do mundo, porque tem um comportamento, porque, nas tentativas de uma conduta pouco segura e pouco capaz de aquisições acumuladas, revela em plena luz o esforço de uma existência arrojada a um mundo de que não tem a chave, é que ela, decerto, nos lembra assim os nossos fracassos e os nossos limites, e que a vida animal desempenha um papel imenso tanto nos sonhos ([17]) dos primitivos como nos ([18]) da nossa vida oculta ([19]). Freud mostrou que a mitologia animal dos

---

    ([15]) Wolfgang Köhler, *L' Intelligence des singes supérieurs,* Paris, Alcan, 1927.
    ([16]) Aquando da gravação, Merleau-Ponty acrescenta: «isto é, utilizar instrumentos humanos».
    ([17]) Segundo a gravação: «nos mitos».
    ([18]) Segundo a gravação: «nos sonhos».
    ([19]) E na sequência desta frase, aquando da gravação, Merleau-Ponty acrescenta: «O animal causa-nos esta surpresa e este choque, ele que não entra no mundo humano e se contenta com suportá-lo, com mostrar-nos todavia emblemas da nossa vida, a qual, referida assim ao coração da natureza original, perde de repente a sua evidência e a sua suficiência».

EXPLORAÇÃO DO MUNDO PERCEBIDO: A ANIMALIDADE

primitivos é recriada em cada criança em cada geração, que a criança se vê a si e vê os pais e os conflitos em que com eles está nos animais que encontra, a ponto de o cavalo se tornar nos sonhos do pequeno Hans ([20]) um poder maléfico tão incontestável como os animais sagrados dos primitivos. G. Bachelard, num estudo sobre Lautréamont ([21]), nota que nas 247 páginas dos *Chants de Maldoror* se encontram 185 nomes de animais. Até um poeta como Claudel que, como cristão, poderia estar exposto a subestimar tudo o que não é o homem, reencontra a inspiração do Livro de Job e pede que se "interroguem os animais" ([22]).

"*Existe,* escreve ele, *uma estampa japonesa que representa um Elefante rodeado de cegos. Trata-se de uma comissão, que foi delegada para identificar esta intervenção monumental no meio dos nossos afazeres humanos. O primeiro abraçou uma das patas e disse: "É uma árvore." "É verdade, disse o segundo, que descobriu as orelhas, e cá estão as folhas." "Nada disso, disse o terceiro que passeia a sua mão pelo flanco, é uma parede!" "É um cordão", grita o quarto, que agarrou a cauda. "É um tubo, replica o quinto, que se ocupa da tromba...*

Assim é, continua Claude*l, a nossa Mãe, a Santa Igreja católica que, do animal sagrado, possui a massa, o andar e o temperamento gentil, sem falar da dupla defesa de puro marfim que lhe sai da boca. Vejo-a, com as quatro patas nestas águas que lhe chegam directamente do paraíso; com a tromba, mergulha nelas para baptizar abundantemente todo o seu enorme corpo!* ([23])"

([20]) Sigmund Freud, *Cinq Psychanalyses,* «Analyse d'une phobie chez un petit garçon de 5 ans» *Revue française de psychanalyse,* t. 2, fasc. 3, 1928; reed. Paris, PUF, 1954, p. 93-198.

([21]) Gaston Bachelard, *Lautréamont,* Paris, José Corti, 1939.

([22]) Paul Claudel, «Interroge les animaux», *Figaro littéraire,* n° 129, 3° ano, 9 de Outubro 1948, p. 1; retoma em «Quelques planches du Bestiaire spirituel», in *Figures et paraboles,* in *Œuvres en prose,* Gallimard, col. «La Pléiade», 1965, p. 982-1000.

([23]) Paul Claudel, *Figaro littéraire, ibid.,* p. 1; «Quelques compères oubliés», retoma em «Quelques planches du Bestiaire spiritue»l, in *Œuvres en prose, op. cit.,* p. 999.

PALESTRAS

É interessante imaginar Descartes ou Malebranche a ler este texto ([24]), descobrindo os animais, que eles consideravam mecânicos, encarregados de suportar os emblemas do humano e do sobre-humano. Esta reabilitação dos animais supõe, como veremos na próxima palestra, um humor e uma espécie de humanismo malicioso, de que eles estavam muito afastados ([25]).

([24]) Segundo a gravação: «a ler este texto de Claudel».

([25]) Segundo a gravação: «Veremos, na próxima palestra, que esta reabilitação dos animais supõe um humor e uma espécie de humanismo malicioso, muito estranhos ao pensamento clássico».

V

O HOMEM VISTO DE FORA

Tentámos até aqui olhar o espaço, as coisas e os seres vivos que habitam o mundo através dos olhos da percepção, esquecendo o que uma demasiado longa familiaridade com eles nos faz achar "inteiramente natural", tomando-os tais como se oferecem a uma experiência ingénua. É necessário agora, em relação ao próprio homem, recomeçar a mesma tentativa. Desde há mais de trinta séculos, disseram-se, realmente, muitas coisas sobre o homem, mas quase sempre se encontravam por reflexão. Quero dizer que, ao tentar saber o que é o homem, um filósofo como Descartes submetia a um exame crítico as ideias que se lhe apresentavam – por exemplo, a de espírito e a de corpo. Purificava-as, eliminava nelas toda a espécie de obscuridade ou de confusão. Enquanto a maior parte dos homens entende por espírito algo como uma matéria muito subtil, ou um fumo ou um sopro – seguindo nisso o exemplo dos primitivos –, Descartes mostrava primorosamente que o espírito nada é de semelhante, que é totalmente de outra natureza, pois fumo e sopro são, a seu modo, coisas, embora muito subtis, ao passo que o espírito não é de modo algum uma coisa, não reside no espaço, disperso como todas as coisas numa certa extensão, mas, pelo contrário, está todo reunido, é indiviso; é, enfim, unicamente um ser que se recolhe, se aduna invencivelmente e se conhece (¹). Chegava-se assim a uma noção pura do espírito e a uma noção pura da matéria ou das coisas. Mas, claro está, este espírito inteiramente puro só o encontro e, por assim dizer, só o toco em mim mesmo. Os outros homens nunca são para mim puro espírito: só os conheço através dos seus olhares, dos seus gestos, das suas palavras, em suma, através dos seus corpos. Sem dúvida, *outro qualquer* está, para mim, muito longe de se reduzir ao seu corpo, é este corpo animado de toda a espécie de intenções, sujeito de muitas acções ou de propósitos que recordo e que contribuem para delinear, para mim, a sua figura moral. Mas, finalmente, não posso dissociar alguém da sua silhueta, do seu tom, da sua pronúncia. Ao vê-lo por um minuto, descubro-o de repente muito melhor do que consigo fazer, mediante a enumeração de tudo o que dele sei pela experiência e por ouvir dizer. Os outros são para nós espíritos que habitam um corpo e, na aparência total deste corpo, parece-nos estar contido todo um conjunto de possibilidades, que é a própria presença (²). Assim, considerando o homem a partir de fora, isto é, no outro, é provável que eu seja levado a reexaminar certas distinções que, contudo, parecem impor-se, como as do espírito e do corpo.

Vejamos então de que se trata e raciocinemos sobre um exemplo (³). Suponhamos que estou na presença de alguém que, por uma razão ou por outra, está violentamente irritado comigo. O meu interlocutor encoleriza-se, e eu digo que ele expressa a sua cólera com palavras violentas, gestos, gritos... Mas onde está essa cólera? Responder-me-ão: está no espírito

---

(¹) O texto que vai de «Quero dizer que, ao tentar saber o que é o homem» a «é, enfim, unicamente um ser que se recolhe, se aduna invencivelmente e se conhece» foi suprimido aquando da gravação. Merleau-Ponty prossegue: «Descartes, por exemplo, desvia-se do exterior e só consegue definir-se claramente ao descobrir em si um espírito, isto é, um género de ser que não ocupa qualquer espaço, que não se expande nas coisas e nada mais é do que puro conhecimento de si próprio», retomando depois a leitura.

(²) A passagem de: «Sem dúvida, outro qualquer» a «que é a própria presença» foi suprimida na gravação. Merleau-Ponty conserva apenas: «Não posso dissociar alguém da sua silhueta, do seu tom, da sua pronúncia.» A leitura é aqui retomada.

(³) Esta frase foi suprimida na gravação.

do meu interlocutor. Isso não é lá muito claro. Porque, enfim, a maldade, a crueldade que leio nos olhares do meu adversário, não posso imaginá-las separadas dos seus gestos, das suas palavras, do seu corpo. Tudo aquilo não se passa fora do mundo e como que num santuário recuado para lá do corpo (⁴) do homem em cólera. É exactamente aqui, neste compartimento e neste lugar, que a cólera rebenta, é neste espaço entre ele e mim que ela se desenrola. Reconheço que a cólera do meu adversário não aparece no seu rosto no mesmo sentido em que talvez, de repente, as lágrimas vão correr dos seus olhos e um rictus se formará na sua boca (⁵). Mas, enfim, a cólera habita-o e aflora à superfície desta face pálida ou violácea, destes olhos injectados de sangue, desta voz sibilante... E se, por um instante, abandono o meu ponto de vista de observador externo sobre a cólera, se tento lembrar-me de como ela me aparece a mim próprio quando estou em cólera, sou obrigado a confessar que as coisas não são diferentes: a reflexão sobre a minha própria cólera não me mostra nada que seja inseparável ou que possa, por assim dizer, ser descolada do meu corpo. Quando me lembro da minha cólera contra Paulo, não a acho no meu espírito ou no meu pensamento, mas toda inteira entre mim, que vociferava, e esse detestável Paulo, que ali estava tranquilamente sentado e me escutava com ironia. A minha cólera nada mais era do que uma tentativa de destruição de Paulo, permanecia verbal, se eu sou pacífico, e era até cortês, se sou polido; mas, enfim, passava-se no espaço comum onde trocamos argumentos em vez de pancada, e não em mim. Só depois, ao reflectir sobre o que é a cólera, ao advertir que ela contém uma certa avaliação (negativa) de outrem, é que concluí: ao fim e ao cabo, a cólera é um pensamento, estar em cólera é pensar que outrem é detestável, e este pensamento, como todos os outros, tal como mostrou Descartes, não pode residir em nenhum fragmento da matéria. Ela é, portanto, espírito. Por mais que assim reflicta, logo que me viro para a própria experiência de cólera, que motiva a minha reflexão, devo con-

---

(⁴) Segundo a gravação: «um santuário recuado por trás do corpo».
(⁵) Esta frase foi suprimida quando da gravação. Merleau-Ponty retoma em: «A cólera habita-o e aflora [...].»

fessar que ela não estava fora do meu corpo, que não o animava a partir de fora, mas com ele estava de modo inexplicável. Encontra-se tudo em Descartes, como em todos os grandes filósofos; assim aquele que distinguira rigorosamente o espírito do corpo acabou por dizer que a alma não era somente, como o piloto no seu navio ([6]), o dono e o comando do corpo, mas sim que ela lhe estava muito estreitamente unida, de modo que sofre nele, como bem se vê quando dizemos que estamos com dor de dentes.

Só que, da união da alma e do corpo, segundo Descartes, já não se pode falar, apenas se pode experimentar pelo uso da vida; para ele, seja qual for a nossa condição de facto, e inclusivamente se de facto vivemos, segundo os seus próprios termos, uma verdadeira "mistura" do espírito com o corpo, tal não nos tira o direito de distinguir absolutamente o que está unido na nossa experiência, de manter por direito a separação radical do espírito e do corpo, mas negada pelo facto da sua união, e, por fim, de definir o homem sem atender à sua estrutura imediata, e tal como aparece na reflexão: como um pensamento bizarramente jungido a um aparelho corporal, sem que a mecânica do corpo ou a transparência do pensamento sejam comprometidas pela sua mistura. Pode dizer-se que, desde Descartes, até os que mais fielmente seguiram o seu ensinamento não cessaram de se interrogar como é que a nossa reflexão, que é a reflexão sobre o homem dado, se pode libertar das condições a que aparece sujeito na sua situação de partida ([7]).

([6]) Descartes, *Discours de la méthode* (1637), 5ª parte, in *Œuvres,* ed. A.T., *op. cit.*, vol. VI, p. 59, 1. 10-12; in *Œuvres et lettres, op. cit.,* p. 166: «Tinha [...] feito ver [...] como não basta que [a alma] esteja alojada no corpo humano, qual piloto no seu navio, talvez só para mover os seus membros, mas que é necessário que ela esteja estreitamente junta e unida a ele para, além disso, ter sentimentos e apetites semelhantes aos nossos [...]»; *Meditationes de prima philosophia* (1ª ed. 1641), sexta Meditação, in *Œuvres,* ed. A.T., vol. VII, p. 81, 1, 2-3; *Méditations métaphysiques* (1647), in *Œuvres et lettres, op. cit.,* p. 326: «A natureza ensina-me também por estes sentimentos de dor, de fome, de sede, etc., que não estou somente alojado no meu corpo, como um piloto no seu navio, mas que, além disso, lhe estou muito estreitamente ligado e de tal modo confundido e misturado que constituo com ele como que um só todo.»

([7]) Aquando da gravação este parágrafo foi modificado: «Só que, da união da alma e do corpo, se é possível vivê-la, não se pode falar, e seja qual for a nossa

O HOMEM VISTO DE FORA

Ao descrever esta situação, os psicólogos insistem hoje no facto ([8]) de que não vivemos primeiramente de consciência de nós mesmos – nem mesmo, aliás, na consciência das coisas – mas na experiência de outrem. Nunca nos sentimos existir a não ser após termos já tomado contacto com os outros, e a nossa reflexão é sempre o regresso a nós mesmos, que, por outro lado, muito deve à nossa frequentação de outrem. Um bebé de alguns meses é já muito hábil em distinguir a benevolência, a cólera, o medo no rosto de outrem, numa altura em que não pode ter aprendido pelo exame do seu próprio corpo os sinais físicos destas emoções. É, portanto, o corpo de outrem, nas suas diversas gesticulações, que de imediato lhe aparece investido de uma significação emocional; portanto, ele aprende a conhecer o espírito quer como comportamento visível quer na intimidade do seu próprio espírito. E o próprio adulto descobre na sua vida o que a sua cultura, o ensino, os livros, a tradição lhe ensinaram a ver. O contacto de nós mesmos connosco faz-se sempre através de uma cultura, pelo menos através de uma linguagem que recebemos de fora ([9]) e que nos orienta no conhecimento de nós mesmos. Pelo que, finalmente, o puro si, o espírito, sem instrumentos e sem história, embora seja como que uma instância crítica que opomos à pura e simples intrusão das ideias que nos são sugeridas pelo meio, só se realiza em liberdade efectiva mediante o instrumento da linguagem e participando na vida do mundo ([10]).

---

condição de facto, e até se de facto vivemos uma verdadeira "mistura" do espírito com o corpo, tal não nos tira o direito de distinguir absolutamente o que na nossa experiência está unido, de manter em princípio a separação radical do espírito e do corpo que é negada pela realidade da sua união. Os sucessores de Descartes impugnariam justamente que se pudesse assim isolar o que é de facto e o que é em princípio. Denunciaram esta espécie de compromisso.» A leitura prossegue aqui.

([8]) Segundo a gravação: «Ao descrever, portanto, a nossa condição de facto, os psicólogos insistem hoje nisto [...].»

([9]) Aquando da gravação, o fim da frase foi suprimido.

([10]) Segundo a gravação: «De tal maneira que o puro si, o espírito sem corpo, sem instrumentos e sem história, se é de facto como que uma instância crítica que opomos à pura e simples intrusão das ideias que nos são sugeridas pelo meio, só se realiza pelo instrumento da linguagem e participando na vida do mundo.»

Surge assim uma imagem do homem e da humanidade muito diferente daquela de que partimos. A humanidade não é uma soma de indivíduos, uma comunidade de pensadores em que cada qual, na sua solidão, tem a certeza prévia de se entender com os outros, porque todos participariam da mesma essência pensante. Também não é, claro está, um único Ser ([11]) em que a pluralidade dos indivíduos estaria fundida e destinada a reabsorver-se. Ela, por princípio, não é concludente: cada um só pode acreditar naquilo que interiormente reconhece como verdadeiro – e, ao mesmo tempo, cada um só pensa e se decide quando já enredado em certas relações com outrem que orientam de preferência para tal espécie de opiniões. Cada um está só e ninguém dispensa os outros, não apenas pela sua utilidade – mas para a sua felicidade. Não há vida a vários que nos liberte da carga de nós mesmos, nos dispense de ter uma opinião; e não há vida "interior" que não seja um primeiro ensaio das nossas relações com outrem. Nesta situação ambígua a que somos arrojados porque temos um corpo e uma história pessoal e colectiva, não podemos encontrar repouso absoluto; é-nos necessário, sem cessar, o esforço para reduzir as nossas divergências, para explicar as nossas palavras mal compreendidas, para manifestar o que nos está oculto, para perceber outrem. A razão e o consenso dos espíritos não estão atrás de nós, estão presuntivamente à nossa frente, e somos tão incapazes de os alcançar definitivamente como de a eles renunciar ([12]).

Compreende-se que a nossa espécie, empenhada assim numa tarefa que jamais está terminada nem poderia estar, e que não é necessariamente chamada a nisso ter êxito, mesmo relativamente, encontre nesta situação ao mesmo tempo um motivo de inquietação e um motivo de coragem. Os dois, em boa verdade, são apenas um. A inquietude é vigilância, é a vontade de julgar, de saber o que se faz e o que se propõe. Se não existe fatalidade boa, também não há fatalidade má e a coragem consiste em referir-se a si e aos outros porquanto,

---

([11]) Segundo a gravação: «um grande Ser».
([12]) Segundo a gravação: «e somos tão incapazes de lhes renunciar como de jamais os possuir a título definitivo».

através de todas as diferenças das situações físicas e sociais, todos deixam transparecer, na sua própria conduta e nas suas próprias relações, a mesma faísca que faz que nós os reconheçamos, que tenhamos necessidade do seu assentimento ou da sua crítica, que tenhamos um destino comum ([13]). Simplesmente, o humanismo dos modernos já não tem o acento peremptório dos séculos precedentes. Já não nos envaidecemos por sermos uma comunidade de espíritos puros, vemos o que realmente são as relações recíprocas nas nossas sociedades: quase sempre, relações de senhor e escravo. Não nos desculpamos com as nossas boas intenções, vemos aquilo em que elas se convertem, uma vez saídas de nós ([14]). Há algo de são neste olhar estranho que nos propomos lançar sobre a nossa espécie. Voltaire outrora, em *Micromégas*, imaginou um gigante de outro planeta confrontado com os nossos costumes, que só podiam parecer sem nexo a uma inteligência maior do que a nossa. Estava reservado à nossa época julgar-se a si mesma não a partir de cima, o que é amargo e mau, mas de algum modo a partir de baixo ([15]). Kafka imagina um homem metamorfoseado em bicho-de-conta ([16]), que lança sobre a família um olhar de bicho-de-conta. Imagina as buscas de um cão que embate no mundo humano ([17]). Descreve sociedades fechadas na concha de costumes que se deram a si próprias, e hoje Maurice Blanchot descreve uma cidade parada na evidência da sua lei ([18]), em que cada um participa tão estreitamente que

---

([13]) Aquando da gravação, o parágrafo desde «Compreende-se que a nossa espécie [...]» foi suprimido. A leitura é retomada aqui: «O humanismo dos modernos [...].»

([14]) Segundo a gravação: «Já não nos envaidecemos por sermos uma comunidade de espíritos puros, vemos bem que as boas intenções de cada um (proletário, capitalista, Francês, Alemão), visto de fora e pelos outros, têm por vezes uma figura horrível.» A leitura é aqui retomada.

([15]) Aquando da gravação, Merleau-Ponty disse em vez desta frase: «Havia nisso amargura, maldade. Os modernos têm um humor mais verdadeiro, tomam por testemunha o que há de contingente nas sociedades humanas, não uma inteligência superior à nossa, mas simplesmente uma inteligência diferente.»

([16]) Franz Kafka, *La Mémarphose,* trad. fr. A. Vialatte, Paris, Gallimard, 1938.

([17]) Franz Kafka, *Recherches d'un chien,* in *La Muraille de China,* trad. fr. J. Carrive e A. Vialatte, Villeneuve-lès-Avignon, Seghers, 1944, reed. Paris, Gallimard, 1950.

([18]) Maurice Blanchot, *Le Très-Haut,* Paris, Galllimard, 1948.

já nem sequer experimenta a sua diferença nem a dos outros. Ver o homem a partir de fora é a crítica, a saúde do espírito. Mas não, como Voltaire, para sugerir que tudo é absurdo. Pelo contrário, para sugerir, como Kafka, que a vida humana está sempre ameaçada e para preparar, pelo humor, os momentos raros e preciosos em que acontece aos homens reconhecerem-se e encontrarem-se ([19]).

([19]) Aquando da gravação, Merleau-Ponty modifica o fim, desde «Ele descreve sociedades», e substitui-o por: «Ou, finalmente, imagina uma personagem simples, de boa fé, pronta a reconhecer-se culpada e que embate numa lei estranha, num poder imcompreensível, na colectividade, no Estado. Kafka não apela da loucura dos homens para a sabedoria de Micromegas. Não acredita que exista Micromegas. Não espera nenhum no futuro. Menos optimista, mas também menos maldoso para o seu tempo do que Voltaire, prepara pelo humor os momentos raros e preciosos em que acontece aos homens reconhecerem-se e encontrarem-se.»

VI

A ARTE E O MUNDO PERCEBIDO

Quando, nas nossas palestras anteriores, tentávamos fazer reviver o mundo percebido que nos está oculto por todos os sedimentos do conhecimento e da vida social, aconteceu-nos muitas vezes recorrer à pintura, porque esta nos repõe imperiosamente diante do mundo vivido ([1]). Em Cézanne, em Juan Gris, em Braque, em Picasso, de modos diferentes, depara-se com objectos – limões, bandolins, cachos de uva, maços de tabaco – que não resvalam sob o olhar a título de objectos "muito conhecidos", mas que pelo contrário o detêm, o interrogam, lhe comunicam bizarramente a sua substância secreta, o próprio modo da sua materialidade e, por assim dizer, "sangram" diante de nós. A pintura reconduzia-nos assim à visão das próprias coisas. Inversamente, e como que por uma troca de serviços, uma filosofia da percepção, que quer reaprender a ver o mundo, restituirá à pintura e, em geral, às artes o seu verdadeiro lugar, a sua verdadeira dignidade e dispor-nos-á a aceitá-las na sua pureza.

Que aprendemos, de facto, ao considerar o mundo da percepção? Aprendemos que, neste mundo, é impossível separar as coisas e o seu modo de aparecer. Sem dúvida, quando defino

---

([1]) Aquando da gravação, Merleau-Ponty suprime a parte da frase desde «porque a pintura» até «mundo vivido».

uma mesa à maneira do dicionário – placa horizontal apoiada por três ou quatro suportes e sobre a qual se pode comer, escrever, etc. –, posso ter o sentimento de alcançar como que a essência da mesa e desinteresso-me de todos os acidentes de que pode ser acompanhada, forma dos pés, estilo das molduras, etc.; mas não é perceber, é definir. Quando, pelo contrário, vejo uma mesa, não me desinteresso do *modo* como ela realiza a sua função de mesa; a maneira sempre singular como sustenta o seu tampo, o movimento, único, desde os pés até ao tampo, que ela opõe à gravidade, é que me interessam e tornam cada mesa distinta de todas as outras. Não há aqui pormenor –, fibra da madeira, forma dos pés, a própria cor e a idade da madeira, grafitos ou ranhuras que marcam essa idade – que seja insignificante, e a significação "mesa" somente me interessa na medida em que emerge de todos os "pormenores" que encarnam a sua modalidade presente [2]. Ora, se entrar na escola da percepção, descubro-me pronto a compreender a obra de arte, porque também ela é uma totalidade carnal em que a significação não é livre, por assim dizer, mas ligada, cativa de todos os sinais, de todos os pormenores que ma manifestam, de maneira que a obra de arte, tal como a coisa percebida, se vê ou se escuta; e nenhuma definição, nenhuma análise, por preciosa que de imediato possa ser para fazer o inventário desta experiência, consegue substituir a experiência perceptiva e directa que dela faço

A princípio não é assim tão evidente. Ao fim e ao cabo, quase sempre um quadro representa, como se diz, objectos; muitas vezes, um retrato representa alguém cujo nome nos é dado pelo pintor. No fim de contas, não é a pintura comparável às setas indicadoras nas estações do comboio, que não têm outra função excepto a de nos dirigirem para a saída ou para o cais? Ou ainda às fotografias exactas que nos permitem examinar o objecto na sua ausência e retêm o essencial? Se assim fosse, o objectivo da pintura seria o *trompe-l'œil*, e a sua significação estaria completamente fora do quadro, nas coisas que ele significa [3], no *tema*. Ora foi justamente contra esta con-

---

[2] Segundo a gravação: «ela emerge de todos os "pormenores" que a encarnam».
[3] Segundo a gravação: «nas coisas que ele representa».

A ARTE E O MUNDO PERCEBIDO

cepção que toda a pintura válida se constituiu e que os pintores lutam conscenciosamente desde há, pelo menos, cem anos. Segundo Joachim Gasquet, Cézanne dizia que o pintor apreende um fragmento de natureza «e transforma-o absolutamente em pintura (⁴)». Há trinta anos, Braque escrevia ainda mais claramente que a pintura não procurava «reconstituir um facto anedótico», mas «constituir um facto pictórico» (⁵). A pintura não seria, portanto, uma imitação do mundo, mas um mundo para si. Quer isto dizer que, na experiência de um quadro, não há nenhuma referência à coisa natural, na experiência *estética* do retrato não há nenhuma menção da sua "semelhança" com o modelo (os que encomendam retratos querem-nos muitas vezes semelhantes, mas é porque têm mais vaidade do que amor à pintura". Seria demasiado longo indagar aqui porque é que, nestas condições, os pintores não fabricam integralmente, como por vezes já fizeram, objectos poéticos inexistentes (⁶). Contentemo-nos com observar que, inclusive quando trabalham em objectos reais, o seu fito nunca é evocar o próprio projecto, mas fabricar na tela um espectáculo que se basta a si mesmo. A distinção, muitas vezes feita, entre o tema do quadro e o jeito do pintor não é legítima porque, para a experiência estética (⁷), todo o tema está na maneira como o cacho de uvas, o cachimbo ou o maço de tabaco é constituído pelo pintor na tela. Pretendemos dizer que em arte apenas importa a forma, e não o que se diz? De modo nenhum. Queremos dizer que a forma e o fundo, o que se diz e a maneira como se diz não podem existir separados. Limitamo-nos, em suma, a constatar a evidência de que, se não consigo representar de um modo suficiente, segundo a sua função, um objecto ou um utensílio que jamais vi, pelo menos nos seus traços gerais, as melhores

---

(⁴) Joachim Gasquet, *Cézanne,* Paris, Bernheim-Jeune, 1926; reed. Grenoble, Cynara, 1988; ver por exemplo p. 71, 130-131.

(⁵) Georges Braque, *Cahier,* 1917-1947, Paris, Maeght-editor, 1948, p. 22 (ed. aum. 1994, p. 30): «O pintor não tenta reconstituir uma historieta, mas constituir um facto pictórico.»

(⁶) Aquando da gravação, Merleu-Ponty suprime esta frase. E continua: "Inclusive, quando trabalham [...]."

(⁷) Segundo a gravação: "para o artista".

análises, pelo contrário, não conseguem dar-me a suspeita do que é uma pintura da qual jamais vi exemplar algum. Perante um quadro, não se trata, pois, de multiplicar as referências ao tema, à circunstância histórica, se é que ela existe, que está na origem do quadro; trata-se, sim, tal como na percepção das próprias coisas, de contemplar, de perceber o quadro segundo as indicações mudas de todas as partes que os traços de pintura depositados na tela me proporcionam, até que todas, sem discurso e sem raciocínio, se compõem numa organização estrita onde se sente que nada há de arbitrário, mesmo se não se consegue explicar.

    Embora o cinema ainda não tenha produzido muitas obras que sejam, na sua totalidade, obras da arte, embora a admiração pelas vedetas, o sensacional das mudanças de plano ou das peripécias, a intervenção das belas fotografias ou de um diálogo espirituoso sejam para o filme outras tantas tentações em que se corre o risco de mergulhar e de alcançar o êxito, omitindo os meios de expressão mais adequados ao cinema – apesar, pois, de todas estas circunstâncias que fazem que, até agora, nunca se tenha visto um filme que seja plenamente filme, pode entrever-se o que seria semelhante obra, e há-de ver-se que, como qualquer obra de arte, seria ainda algo que se apercebe. No fim de contas, o que pode constituir a beleza cinematográfica não é nem a história em si mesma, que a prosa contaria muito bem nem, com maior razão, as ideias que ela pode sugerir, nem finalmente os tiques, as manias, os procedimentos pelos quais um encenador se faz reconhecer e que não têm importância mais decisiva do que as palavras favoritas de um escritor. O que conta é a escolha dos episódios representados e, em cada um deles, a escolha das imagens que hão-de figurar no filme, a duração dada respectivamente a cada um destes elementos, a ordem em que se fazem apresentar, o som ou as palavras que as hão-de, ou não, acompanhar, constituindo tudo isso um certo ritmo cinematográfico global. Quando a nossa experiência de cinema for mais longa, será possível elaborar uma espécie de lógica do cinema, ou mesmo de gramática e de estilística do cinema, que nos indicarão, segundo a experiência das obras feitas, o valor a dar a cada elemento, numa estrutura de conjunto típico, para que ele aí se insira sem dificuldade. Mas, como todas as regras em matéria de arte, estas servirão apenas para explicitar as relações já existentes entre as obras conseguidas, e para inspirar outras honestas. Então como agora, os criadores hão-de encontrar sempre, sem guia algum, conjuntos novos. Então como agora, o espectador experimentará, sem de tal fazer uma ideia clara, a unidade e a necessidade do desenvolvimento temporal numa obra bela. Então como agora, a obra deixará no seu espírito, não uma soma de receitas, mas uma imagem radiante, um ritmo. Então como agora, a experiência cinematográfica será percepção.

A música fornecer-nos-ia um exemplo demasiado fácil e no qual, por esta mesma razão, não queremos deter-nos. É, decerto, impossível imaginar aqui que a arte remeta para outra coisa diferente dela própria. A música de programa que nos descreve uma tempestade ou até uma tristeza, é a excepção. Estamos aqui incontestavelmente perante uma arte que não fala. E, todavia, é necessário que uma música não seja apenas um agregado de sensações sonoras: através dos sons vemos aparecer uma frase e, de frase em frase, um conjunto e, finalmente, como dizia Proust, um mundo, que existe no domínio da música possível, a região Debussy ou o reino Bach. Nada a fazer aqui excepto escutar, sem retorno a nós mesmos, as nossas recordações, os nossos sentimentos, sem menção do homem que criou aquilo, como a percepção olha as próprias coisas, sem nelas misturar os nossos sonhos.

Para terminar, pode dizer-se algo de análogo da literatura, embora isso tenha, muitas vezes, sido contestado, porque a literatura usa as palavras, que são também feitas para significar as coisas naturais. Já há muito que Mallarmé [8] distinguiu o uso poético da linguagem do palavreado quotidiano. O falante nomeia as coisas só o bastante para as indicar com brevidade, para significar "de que se trata". Pelo contrário, o poeta, segundo Mallarmé, substitui a designação comum das coisas, que as oferece como "muito conhecidas", por um género de expressão que nos descreve a estrutura essencial da coisa e nos obriga

---

[8] Stéphane Mallarmé, *passim* (ver a sua obra poética) e, por exemplo, *Réponses à des enquêtes* (questões de Jules Huret, 1891), in *Œuvres complètes*, Paris, Gallimard, col. «La Pléiade», 1945.

assim a nela entrar (⁹). Falar poeticamente do mundo é quase calar-se, se se tomar a palavra no sentido do falar quotidiano, e sabe-se que Mallarmé não escreveu muito. Mas, no pouco que nos deixou, encontra-se pelo menos a consciência mais nítida da poesia como inteiramente sustentada pela linguagem, sem referência directa ao próprio mundo, nem à verdade prosaica nem à razão, por consequência, como uma criação da palavra, que não se pode verter inteiramente para ideias; a poesia, como mais tarde dirão Henri Bremond ([10]) e Valéry ([11]), não é, antes de mais, significação de ideias ou significante; por isso, Mallarmé e, mais tarde, Valéry ([12]) recusavam aprovar ou desaprovar todo o comentário prosaico dos seus poemas: no poema, como também na coisa percebida, não se pode separar o fundo e a forma, o que é apresentado e o modo como se apresenta ao olhar. E autores como Maurice Blanchot interrogam-se hoje se não será necessário estender ao romance e à literatura em geral o que Mallarmé dizia da poesia ([13]): um romance bem sucedido não existe como conjunto de ideias ou de teses, mas à maneira de uma coisa sensível, e de uma coisa em movimento que importa aperceber no seu desenvolvimento temporal, cujo ritmo se trata de captar e que não deixa na

---

([9]) Segundo a gravação: «um género de expressão que nos descreve a estrutura essencial da coisa sem nos dar o seu nome e nos força assim a nela a entrar».

([10]) Henri Bremond, *La Poésia pure* (leitura na sessão pública das cinco Academias, a 24 de Outubro de 1925), Paris, Grasset, 1926.

([11]) Paul Valéry, *passim* e, por exemplo, «Avant-propos» (1920), *Variété*, Paris, Gallimard, 1924; «Eu dizia às vezes a Stéphane Mallarmé ...» (1931), *Variété III*, Paris, Gallimard, 1936; «Dernière visite à Mallarmé» (1923), *Variété II*, Paris, Gallimard, 1930; «Propos sur la poésie» (1927), «Poésie et pensée abstraite» (1939), *Variété V*, Paris, Gallimard, 1944. Ver também Frédéric Lefèvre, *Entretiens avec Paul Valéry*, prefácio de Henri Bremont, Paris, *Le Livre*, 1926.

([12]) Paul Valéry, *passim* (estudos literários, prefácios, escritos teóricos, cursos) e, por exemplo «Questions de poésie» (1935), «Au sujet de *Cimetière marin*» (1933) e «Commentaires de *Charmes*» (1929), *Variété III*, Paris, Gallimard, 1936; «Propos sur la poésie» (1927), «L'homme et la coquille» (1937) et «Leçon inaugurale du cours de poétique du Collège de France» (1937), *Variété V*, Paris, Gallimard, 1944.

([13]) Maurice Blanchot, *Faux pas,* Paris, Gallimard, 1943; concretamente «Comment la littérature est-elle possible?» (1ª ed. Paris, José Corti, 1942) e «La poésie de Mallarmé est-elle obscure?».

lembrança um conjunto de ideias, mas a marca e o monograma dessas ideias.

Se estas observações forem justas, e se mostrámos que uma obra de arte se percepciona, encontra-se, de imediato, uma filosofia da percepção livre de mal-entendidos que se lhe poderiam opor como objecções. O mundo percebido não é apenas o conjunto das coisas naturais, é também os quadros, as músicas, os livros, tudo o que os alemães denominam um "mundo cultural". E, ao mergulharmos no mundo percebido, longe de termos estreitado o nosso horizonte, longe de nos termos restringido à pedra ou à àgua, reencontrámos o meio de contemplar na sua autonomia e na sua riqueza original as obras de arte, da palavra e da cultura.

VII

MUNDO CLÁSSICO E MUNDO MODERNO

Gostaríamos, nesta última palestra, de apreciar o desenvolvimento do pensamento moderno tal como o que descrevemos, bem ou mal, nas precedentes. O retorno ao mundo percebido, que constatámos nos pintores e nos escritores, em certos filósofos e nos criadores da física contemporânea, comparado com as ambições da ciência, da arte e da filosofia clássicas, não poderia considerar-se como um sinal de declínio? Por um lado, tem-se a certeza de um pensamento que não duvida estar votado ao conhecimento integral da natureza e eliminar todo o mistério do conhecimento do homem. Por outro, nos modernos, em vez deste universo racional, aberto por princípio aos cometimentos do conhecimento e da acção, tem-se um saber e uma arte difíceis, cheios de reserva e de restrições, uma representação do mundo que não exclui nem fissuras nem lacunas, uma acção que duvida de si mesma e, de qualquer modo, não se cansa por obter o assentimento de todos os homens...

Importa, de facto, reconhecer que os modernos (de uma vez por todas desculpei-me do que de vago havia neste tipo de expressão) não têm o dogmatismo nem a certeza dos clássicos, quer se trate de arte, de conhecimento ou de acção. O pensamento moderno oferece um duplo carácter de inacabamento e de ambiguidade que permitem, se se quiser, falar de declínio ou de decadência. Concebemos todas as obras da ciência como provisórias e aproximadas, ao passo que Descartes julgava poder deduzir, de uma vez por todas, dos atributos de Deus as leis da queda dos corpos ([1]). Os museus estão cheios de obras às quais, aparentemente, nada se pode acrescentar, ao passo que os nossos pintores oferecem ao público obras que, por vezes, parecem ser simples esboços. E estas obras são tema de intermináveis comentários, porque o seu sentido não é unívoco. Quantas obras sobre o silêncio de Rimbaud após a publicação do único livro, que ele próprio deixou aos seus contemporâneos, e como, pelo contrário, o silêncio de Racine depois de *Phèdre* parece levantar poucos problemas! Aparentemente, o artista de hoje multiplica à sua volta os enigmas e as fulgurações. Mesmo quando, como Proust, é sob muitos aspectos tão claro como os clássicos, o mundo que ele nos descreve não é, em todo o caso, nem acabado nem único. Em *Andrómaca*, sabe-se que Hermione ama Pirro e, no momento em que ela manda Orestes matá-lo, nem o espectador se surpreende: a ambiguidade do amor e do ódio, que leva a amante a preferir perder o amado a deixá-lo a outra, não é uma ambiguidade fundamental: é imediatamente evidente que, se Pirro se desligava de Andrómaca e se virava para Hermione, esta seria apenas doçura a seus pés. Pelo contrário, quem pode dizer se o narrador, na obra de Proust, ama verdadeiramente Albertina ([2])? Ele constata que só deseja estar ao pé dela quando ela se afasta dele e conclui, por isso, que não a ama. Mas uma desaparecida, quando é informado da sua morte, então, perante a evidência deste afastamento sem retorno, pensa que tinha necessidade dela e que a amava ([3]). Mas o leitor continua: se Albertina lhe estava rendida – como ele por vezes sonha –, o narrador de Proust amá-la-ia ainda? Será preciso dizer que o amor é esta necessidade ciumenta, ou que nunca há amor, mas apenas o

---

([1]) Descartes, *Les Principes de la philosophie* (1647), Partie II, art. 36-42. [Descartes, *Princípios da Filosofia*, segunda parte, art. 36-42 pp. 75-79, col. Textos Filosóficos, n.º 42, Edições 70, Lisboa].

([2]) Marcel Proust, *À la recherche du temps perdu*, t. 6: *La Prisonnière,* Paris, Gallimard, 1923.

([3]) Marcel Proust, *à la recherche du temps perdu*, t. 7: *Albertine disparue,* Paris, Gallimard, 1925.

ciúme e o sentimento de ser excluído? Essas questões não nascem de uma exegese minuciosa (⁴), é o próprio Proust que as levanta, são para ele constitutivas daquilo que se chama o amor. O coração dos modernos é, pois, um coração intermitente e que não chega a conhecer-se. Nos modernos, não são só as obras que são inacabadas, mas o próprio mundo, tal como elas o expressam, é como que uma obra sem conclusão e acerca da qual não se sabe se alguma vez terá uma. Desde que não se trate unicamente da natureza, mas do homem, o inacabamento do conhecimento, que se deve à complexidade das coisas, redobra-se com um inacabamento de princípio: um filósofo mostrava por exemplo, há dez anos, que não se pode conceber um conhecimento histórico que seja rigorosamente objectivo, porque a interpretação e a perspectivação do passado dependem das escolhas morais e políticas que o historiador fez por sua conta, como aliás estes daquela, e que, neste círculo em que se encerrou, a existência humana nunca pode abstrair de si para aceder a uma verdade nua e só comporta um progresso na objectivação, nunca uma objectividade plena (⁵).

Se deixássemos a região do conhecimento para considerar a da vida e a da acção, encontraríamos os homens modernos a braços com ambiguidades talvez ainda mais incisivas. Não existe nenhuma palavra do nosso vocabulário político que não tenha servido para designar as realidades mais diferentes ou até mais opostas. Liberdade, socialismo, democracia, reconstrução, renascimento, liberdade sindical (⁶), cada uma destas palavras foi, pelo menos uma vez, reivindicada por qualquer um dos grandes partidos existentes. E tal, não pela astúcia dos seus chefes: a astúcia reside nas próprias coisas; é verdade, num certo sentido, que na América não existe simpatia alguma pelo socialismo, e que, se o socialismo é ou implica uma mudança radical das relações de propriedade, não há oportunidade alguma de se instaurar à sombra da América, e pode pelo contrário, sob certas condições, encontrar apoio no lado soviético. Mas é igualmente verdade que o regime económico e social

---

(⁵) Segundo a gravação: «Estas questões e estas dúvidas não nascem de uma exegese demasiado minuciosa [...].»

(⁶) Aquando da gravação, Merleau-Ponty não leu esta última frase.

da URSS, com a sua acusada diferenciação social, a sua mão--de-obra concentracionária, não é nem poderia tornar-se por si o que sempre se chamou um regime socialista. E, finalmente, é verdade que um socialismo que não buscasse apoio fora das fronteiras da França ([7]) seria, ao mesmo tempo, impossível e, por isso mesmo, destituído do seu significado humano. Encontramo-nos verdadeiramente naquilo que Hegel chamava uma situação diplomática, a saber, uma situação onde as palavras querem dizer (pelo menos) duas coisas e onde as coisas não se podem nomear com uma simples palavra.

Mas se a ambiguidade e o inacabamento estão escritos na própria textura da nossa vida colectiva, e não apenas nas obras dos intelectuais, seria irrisório querer responder-lhes por uma restauração da razão, no sentido em que se fala de restauração a propósito do regime de 1815. Podemos e devemos analisar as ambiguidades da nossa época e tentar, através delas, traçar um caminho que possa ser seguido em consciência e em verdade. Mas sabemos demasiado, para retomar pura e simplesmente o racionalismo dos nossos pais. Sabemos, por exemplo, que não é necessário tomar à letra os regimes liberais, que eles podem ter a igualdade e a fraternidade por divisa sem a trasladar para a sua conduta, e que as ideologias nobres são algumas vezes álibis. Sabemos, por outro lado, que, para criar a igualdade, não basta transferir para o Estado a propriedade dos instrumentos de produção. Não pode, pois, ser sem reservas nem restrição o nosso exame do socialismo e do liberalismo; e permaneceremos neste prato instável enquanto o curso das coisas e a consciência dos homens não tornarem possível a ultrapassagem destes dois sistemas ambíguos. Decidir a partir de cima, optar por um deles, sob pretexto de que, de qualquer modo, a razão vê claro, é mostrar que se tem menos preocupação com a razão operante e activa do que com um fantasma de razão, que esconde as suas confusões debaixo de ares peremptórios. Amar a razão, como faz Julien Benda – querer ([8]) o eterno quando o saber descobre sempre melhor a realidade

---

([7]) Segundo a gravação: «unidade sindical».

([8]) Segundo a gravação: «um socialismo que não se estenderia para fora das fronteiras nacionais».

MUNDO CLÁSSICO E MUNDO MODERNO

do tempo, querer o conceito mais claro (⁹) quando a própria coisa é ambígua, é a forma mais insidiosa do romantismo, é promover a palavra de razão ao exercício da razão. Restaurar nunca é restabelecer, é mascarar.

Há mais. Temos razões para nos interrogarmos se a imagem que tantas vezes nos dão do mundo clássico será apenas uma lenda, se ele não terá conhecido também o inacabamento e a ambiguidade em que vivemos, se não se contentou com recusar--lhes a existência oficial, e se, por conseguinte, longe de ser um facto de decadência, a incerteza da nossa cultura não será antes a consciência mais aguda e mais franca daquilo que sempre foi verdadeiro, portanto, aquisição, e não declínio. Quando nos falam da obra clássica como de uma obra acabada, devemos recordarmos que Leonardo da Vinci e muitos outros deixavam obras inacabadas, que Balzac tinha por indefinível (¹⁰) o famoso ponto de maturidade de uma obra e admitia que, em rigor, o trabalho, sempre susceptível de ser prosseguido, só é interrompido para permitir à obra alguma clareza; que Cézanne, que tinha a sua pintura inteira por um acercamento daquilo que procurava, nos inspira, mais de uma vez, o sentimento do acabamento ou da perfeição. É talvez por uma ilusão retrospectiva – porque a obra está demasiado longe de nós, é demasiado diferente de nós para que sejamos capazes de a retomar e de a continuar – que encontramos em certas pinturas uma plenitude inultrapassável (¹¹): os pintores que a fizeram viam nela apenas uma tentativa ou um fracasso. Falávamos há pouco das ambiguidades da nossa situação política como se todas as situações políticas do passado, quando estavam no presente, não tivessem também comportado contradições e enigmas comparáveis aos nossos – por exemplo a Revolução francesa e até a revolução russa no seu período "clássico", até à morte de Lenine. Se assim é, a consciência "moderna" não descobriu uma verdade moderna, mas uma verdade de todos os tempos, somente mais visível hoje e levada à sua mais alta gravidade. E esta maior clarividência, esta experiência mais integral da

---
(⁹) Segundo a gravação: «exigir».
(¹⁰) Segundo a gravação: «exigir a ideia clara».
(¹¹) Segundo a gravação: «indiscernível».

contestação não é obra de uma humanidade que se degrada: é o facto de uma humanidade que já não vive, como durante muito tempo fez, em alguns arquipélagos ou promontórios, mas se confronta consigo própria de um a outro extremo do mundo, se dirige ela própria a si mesma no seu todo pela cultura ou pelos livros... No imediato, a perda de qualidade é manifesta, mas tal não se pode remediar, restaurando a humanidade estreita dos clássicos. A verdade é que o problema é, para nós, fazer no nosso tempo, e graças à nossa própria experiência, o que os clássicos fizeram no seu, como o problema de Cézanne, segundo os seus próprios termos, era "fazer do Impressionismo algo de sólido como a arte dos museus ([12])".

([12]) Joachim Gasquet, *Cézanne, op. cit.,* p. 148. A citação exacta é: «fazer do Impressionismo algo de sólido e de durável como a arte dos museus».

ÍNDICE ONOMÁSTICO

B
Bach (1685-1750), 59.
Bachelard (1884-1962), 37, 45.
Balzac (1799-1850), 67.
Benda (1867-1956), 27, 66.
Blanchot (nascido em 1907), 53, 60.
Braque (1882-1963), 55, 57.
Bremont (1865-1933), 60.
Breton (1896-1966), 37.

C
Cézanne (1839-1906), 28, 29, 30, 35, 36, 55, 57, 67, 68.
Chardin (1699-1779), 27.
Claudel (1868-1955), 35, 45.

D
Debussy (1862-1918), 59.
Descartes (1596-1650), 22, 23, 37, 40, 41, 46, 47, 49, 50, 64.

E
Euclides (séc. III a.C.), 28.

F
Freud (1856-1939), 44.

G
Gasquet (1873-1921), 57.
Giraudoux (1882-1944), 27.
Goethe (1749-1832), 33.
Gris (1887-1927), 55.

H
Hegel (1770-1831), 66.

K
Kafka (1883-1924), 53, 54.
Köhler (1887-1967), 44.

L
Lautréamont (1846-1870), 45.
Leonardo da Vinci (1452--1519), 67.

M
Malebranche (1638-1715), 31, 46.
Mallarmé (1842-1898), 59, 60.
Malraux (1901-1976), 27.
Marivaux (1688-1763), 27.
Michotte, 43.

P
Paulhan (1884-1968), 30, 31.

Picasso (1881-1973), 27, 55.
Ponge (1899-1988), 36.
Poussin (1594-1665), 27.
Proust (1871-1922), 59, 64, 65.

R
Racine (1639-1699), 64.
Rimbaud (1854-1891), 64.

S
Sartre (1905-1980), 34, 35, 36, 29.
Stendhal (1783-1842), 27.

V
Valéry (1871-1945), 60.
Voltaire (1694-1778), 35, 53, 54.

BIBLIOGRAFIA

Bibliografia consultada ou suposta nas palestras

BACHELARD, Gaston, *La Psychanalyse du feu,* Paris, Gallimard, 1938; reed. col. «Folio essais», 1985; *Lautréamont,* Paris, José Corti, 1939; reed. 1986; *L'eau et les Rêves,* Paris, José Corti, 1942; reed. LGF, col. «Le Livre de poche», 1992; *L'Air et les Songes,* Paris, José Corti, 1943; reed. LGF, col. «Le Livre de poche», 1992; *La Terre et les Rêveries de la volonté,* Paris, José Corti, 1948; *La Terre et les Rêveries du repos,* Paris, José Corti, 1948; reed. 1992.

BENDA, Julien, *La France byzantine ou le Triomphe de la littérature pure, Mallarmé, Gide, Valéry, Alain, Giraudoux, Suàres, les surréalistes, essai d'une psychologie originelle du littérateur,* Paris, Gallimard, 1945; reed. Paris, UGE, col. «10-18», 1970.

BERNARD, Émile, *Souvenirs sur Paul Cézanne et lettres,* Paris, À la rénovation esthétique, 3ª. ed., 1921.

BLANCHOT, Maurice, *Faux pas,* Paris, Gallimard, 1943, ed. renovada 1971; reed. 1975; *Le Très-Haut,* Paris, Gallimard, 1948; ed. renovada 1975; reed. 1988.

BRAQUE, Georges, *Cahier* (1917-1947), Paris, Maeght editor, 1948; *Cahier* (1917-1955), ed. aumentada 1994.

BREMONT, Henri, *La poésie pure,* Paris, Grasset, 1926; *Prière et Poésie,* Paris, Grasset, 1926; *Racine et Valéry,* Paris, Grasset, 1930.

BRETON, André, *L'Amour fou*, Paris, Gallimard, 1937; reed. 1975.
CLAUDEL, Paul, *Connaissance de l'Est*, (1895-1900), Paris, Mercure de France, 1907, reed. Paris, Gallimard, col. «Poésie», 1974; «Interroge les animaux», *Figaro littéraire*, n° 129, 3° ano, 9 Outubro 1948, p. 1; retomado em «Quelques planches du Bestiaire spirituel», in *Figures et paraboles*, in *Œuvres en prose*, Paris, Gallimard, col. «La Pléiade», 1965.
DESCARTES, *Œuvres*, ed. C. Adam e P. Tannery, Paris, Cerf, 11 vol., 1897-1913; reed. Paris, Vrin, 1996; *Œuvres et lettres*, ed. A. Bridoux, Paris, Gallimard, col. «La Pléiade», 1937; reed. 1953.
FREUD, Sigmund, *Cinq Psychanalyses*, «Analyse d'une phobie chez un petit garçon de 5 ans», trad. fr. M. Bonaparte, *Revue française de psychanalyse*, t. 2, fasc. 3, 1928; reed. Paris, PUF, 1975.
GASQUET, Joachim, *Cézanne*, Paris, Bernheim-Jeune, 1926; reed. Grenoble, Cynara, 1988.
KAFKA, Franz, *La Métamorphose* (1912), trad. fr. A. Vialatte, Paris, Gallimard, 1938; reed. 1972; *Recherches d'un chien* (1923-1924?), in *La muraille de Chine*, trad. fr. J. Carrive e A. Vialatte, Villeneuve-lès-Avignon, Seghers, 1944; reed. Paris, Gallimard, 1950; trad. fr. M. de Launay, Paris, Findakly, 1999.
KÖHLER, Wolfgang, *L'intelligence des singes supérieurs*, Paris, Alcan, 1927.
LEFÈVRE, Frédéric, *Entretiens avec Paul Valéry*, prefácio de Henri Bremont, Paris, Le Livre, 1926.
MALEBRANCHE, *De la recherche de la vérité* (1674-1675), ed. G. Lewis, Paris, Vrin, t. 1, 1946; in *Œuvres complètes*, ed. G. Rodis-Lewis e G. Malbreil, Paris, Gallimard, col. «La Pléiade», t. 1, 1979.
MALLARMÉ, Stéphane, *Œuvres complètes*, 1 vol. ed. H. Mondor e G. Jean-Aubry, Paris, Gallimard, col. «La Pléiade», 1945; reed. 2 vol., ed. B. Marchal, Paris, Gallimard, col. «La Pléiade», , 1° vol. 1998.
MICHOTTE, Albert, *La Perception de la causalité*, Lovaina, Ed. ISP, 1947; reed. Lovaina-Bruxelas-Amsterdão, Presses

universitaires de Louvain-Ed. «Erasme» – Ed. «Standaard--Boekhandel», 1954.

PAULHAN, Jean, «La Peinture moderne ou l'espace sensible au cœur», *La Table ronde,* n° 2, Fevereiro 1948, p. 267--280; reformada para *La Peinture cubiste,* 1953, reed. Paris, Gallimard, col. «Folio essais», 1990.

PONGE, Francis, *Le Parti pris des choses,* Paris, Gallimard, 1942; reed. col. «Poésie», 1967.

PROUST, Marcel, *À la recherche du temps perdu,* t. 6: *La Prisonnière,* Paris, Gallimard, 1923, reed. col. «La Pléiade», vol. 3, 1988; t. 7: *Albertine disparue*, Paris, Gallimard, 1925; reed. col. «La Pléiade», vol. 4, 1989.

RACINE, *Phèdre* (1677).

SARTRE, Jean-Paul, ed. J. Hytier, Paris, Gallimard, col. *L'Être et le Néant,* Paris, Gallimard, 1943; reed. col. «Tel», 1976; *L'Homme et les choses,* Paris, Seghers, 1947; retoma em *Situations,* I, Paris, Gallimard, 1948, reed. 1992.

VALÉRY, Paul, *Variété* ((1924), *Variété II* (1930), *Variété III* (1936) et *Variété V* (1944), in *Œuvres,* «La Pléiade», vol. 1, 1957.

VOLTAIRE, *Micromégas* (1752); *Essai sur l'histoire générale et sur les mœurs et l'esprit des nations, depuis Charlemagne jusqu'à nos jours,* (1753, ed. aum. 1761-1763).

Obras de Maurice Merleau-Ponty (1908-1961)

La Strucutre du comportement, Paris, PUF, 1942; reed. 2002.
Phenomenologie de la perception, Paris, Gallimard, 1945; reed. col. «Tel», 1976.
Humanisme et terreur, essai sur le problème communiste, Paris, Gallimard, 1947; reed. Col. «Idées», prefácio de Claude Lefort, 1980.
Sens et non-sens (textos de 1945 a 1947), Paris, Nagel, 1948, reed. Paris, Gallimard, 1996.
Éloge de la philosophie (1945) *et autres essais* (1947-1959: recuperação de artigos de *Signes*), Paris, Gallimard, 1953 e 1960; reed. col. «Folio essais», 1989.
Les Aventures de la dialectique, Paris, Gallimard, 1955; reed. col. «Folio essais», 2000.

Colectivo, *Les Philosophes célèbres*, ed. sob a direcção de Maurice Merleau-Ponty, Paris, Mazenod, 1956.
Signes (textos de 1947 a 1960), Paris, Gallimard, 1960.

*
* *

L'Œil et l'Esprit, prefácio de Claude Lefort, Paris, Gallimard, 1964; reed. col. «Folio essais», 1985.
Le Visible et l'Invisible, edição póstuma estabelecida por Claude Lefort (posfácio), Paris, Gallimard, 1964.
Résumés de cours, Collège de France (1952-1960), Paris, Gallimard, 1968; reed. col. «Tel», 1982.
La Prose du monde, edição póstuma estabelecida e apresentada por Claude Lefort, Paris, Gallimard, 1969; reed. col. «Tel», 1992.
L'Union de l'âme et du corps chez Malebranche, Maine de Biran et Bergson, Paris, Vrin, 1978. Texto estabelecido a partir de notas do curso de 1947-1948 (ENS Lyon) recolhidas e redigidas por Jean Deprun.
Résumé de cours à la Sorbonne (1949-1952), Grenoble, Cynara, 1988; reed. sob o título
Psychologie et pédagogie de l'enfant. Cours de Sorbonne 1949-1952, Lagrasse, Verdier, 2001.
Le Primat de la perception et ses conséquences philosophiques, (artigo de 23 Novembro 1946, *Bulletin de la Société française de philosophie*, t. XLI, n° 4, Out.-Dez. 1947); precedido dos textos de 1933: «Projet de travail sur la nature de la Perception» e de 1934: «La Nature de la perception», Grenoble, Cynara, 1989.
La Nature, notas de ouvintes dos cursos «Le concept de nature» de 956-1957 e 1957-1958 e transcrições das notas de curso de 1959-1960 «Nature et logos: le corps humain», edição de D. Séglard, Paris, Le Seuil, 1995.
Notes de cours (1958-1959 e 1960-1961), prefácio de Claude Lefort, editado por Stéphanie Ménasé, Paris, Gallimard, 1996.
«Notes de lecture et commentaires sur *Théorie du champ de la conscience* de Aron Gurwitsch», apresentação e trans-

crição S. Ménasé, *Revue de métaphysique et de morale*, nº 3, Setembro 1997, p. 321-342.
Parcours, 1935-1951, recolha estabelecida por Jacques Prunair, Lagrasse, Verdier, 1997.
Notes de cours sur L'Origine de la géométrie de Husserl, editadas por Franck Robert, Paris, PUF, 1998.
Parcours deux, 1951-1961, recolha estabelecida por Jacques Prunair, Lagrasse, Verdier, 2001.

Bibliografia sobre Maurice Merleau-Ponty

a) Em francês:

ALQUIÉ, F., «Une philosophie de l'ambiguité L'existentialisme de M. Merleau-Ponty», in *Fontaine*, vol. VIII, nº 59, Abr. 1947.
BARBARAS, Renaud, *De l'être du phénomène. Sur l'ontologie de Merleau-Ponty*, Millon, 1990;*Merleau-Ponty: Notes de cours sur "L'Origine de la géométrie" de Husserl*, PUF, 1998; *Le Tournant de l'expérience: Recherches sur la philosophie de Merleau-Ponty*, J.- Vrin, 1998.
BONAN, Ronald, *Premières leçons sur "L'Esthétique" de Merleau-Ponty*, PUF, 1997.
CAVALLIER, François, *Premières leçons sur "L'Oeil et l'Esprit" de Maurice Merleau-Ponty*, PUF, 1998.
DELIVOGIATZIS, Socratis, *La Dialettique du phénomène*, Méridiens-Klincksieck, 1987.
DESCOMBES,V., *Le Même et l'Autre. Quarante-cinq ans de philosophie française (1933-1978)*, Minuit, 1979, p. 71-92.
DE WAELHENS, A., *Une philosophie de l'ambiguité L' existentialisme de Merleau-Ponty*, Nauwelaerts, Lovaina, 1954; 4ª ed, Vander, 1978.
HENRY, M., «Le concept d'âme a-t-il un sens?», *Revue philosophique de Louvain*, 1966, nº 64, p. 30-33.
HIONG-SOOK, Moon, *La philosophie de la vision chez Maurice Merleau-Ponty*, PUF, 1999.
HYPPOLITE, J., LACAN, J. et al., *Les Temps modernes*, nº esp. 184-185, 1961.

LEFORT, C., *Sur une colonne absente. Écrits autour de Merleau-Ponty*, Gallimard, 1978.
LÉVINAS, E., «De l'intersubjectivité», *Hors sujet*, Fata Morgana, 1987, p. 145-153.
MENASé, Stéphanie, *Passivité et création*, PUF, 2003.
MOREAU, J., *L'Horizon des esprits, essai critique sur la Phénoménologie de la Perception*, PUF, 1960.
RICŒUR, P., «Hommage à Merleau-Ponty», in *Esprit*, n° 296, 1961.
ROBINET, A., *Merleau-Ponty*, PUF., 1970.
SARTRE, J.-P., « Merleau-Ponty », *Situations philosophiques*, «Tel», Gallimard, 1990, p. 141 seg.
SICHèRE, Bernard, *Merleau-Ponty, ou, Le corps de la philosophie*, Grasset, 1982.
TASSIN E., Richir M., *Merleau-Ponty, phénoménologie et expériences*, Jérôme Millon, 1993.
THIERRY, Yves, *Du corps parlant: Le langage chez Merleau--Ponty*, Ousia, 1987.
TRÉGUIER, J.-M., *Le Corps selon la Chair. Phénoménologie et ontologie chez MerleauPonty*, Kimé, 1996.

b) Em inglês:

ARCHARD, D., *Marxism and Existentialism*, Blackstaff Press, 1980.
EDIE, J., *Merleau-Ponty's Philosophy of Language: Structuralism and Dialectics*, University Press of America, 1987.
GOLDSTEIN, K., *Der Aufbau der Organismus*, Nijhoff, Haia, 1934; trad. *The Organism*, American Book, 1938.
HADREAS, P., *In Place of the Flawed Diamond*, Peter Lang, 1986.
MADISON, G., *The Phenomenology of Merleau-Ponty*, Ohio University Press, 1981.
MALLIN, S., *Merleau-Ponty's Phenomenology*, Yale University Press, New Haven, 1979.
MANDELBAUM (org.), *Phenomenology and Existentialism*, Johns Hopkins University Press, Baltimore, 179-205, 1967.
O'NEILL, J., *Perception, Expression and History*, Northwestern University Press, 1970; reed. como introdução a J.

ÍNDICE

Apresentação: A lição da ambiguidade na filosofia de M. Merleau-Porty, *por Artur Morão* 9

Nota do editor português 17

Advertência, por Stéphanie Ménasé 19

PALESTRAS
O mundo percebido e o mundo da ciência 21

Exploração do mundo percebido: o espaço 27

Exploração do mundo percebido: as coisas sensíveis 33

Exploração do mundo percebido: a animalidade 39

O homem visto de fora 47

A arte e o mundo percebido 55

Mundo clássico e mundo moderno 63

Índice onomástico 69

Bibliografia 71

Impressão e acabamento
da
CASAGRAF - Artes Gráficas Unipessoal, Lda.
para
EDIÇÕES 70, LDA.
Fevereiro de 2003

O'NEIL (ed.), *Phenomenology, Language and Sociology*, Heinemann, 1974, XI-LXII.
OLAFSON, F., «A Central theme of Merleau-Ponty's Philosophy», in E. LEE e M.

c) Em italiano

CALABRÒ, Daniela, *L'infanzia della filosofia. Saggio sulla filosofia dell'educazione di Maurice Merleau-Ponty*, UTET Libreria, 2002.
CARBONE, Mauro, *Ai confini dell'esprimibile. Merleau--Ponty a partire da Cézanne e da Proust*, Guerini e Associati, 1998.
DALLA VIGNA, Pierre, *A partire da Merleau-Ponty. L'evoluzione delle concezioni estetiche merleau-pontiane nella filosofia francese e negli stili dell'età contemporanea*, Mimesis, 2002.
GRAZIANO, Alessia, *Stare a Sinistra. Le tentazioni politiche di Maurice Merleau-Ponty*, Unicopli, 1998.
INVITTO, Giovanni, *Merleau-Ponty. Filosofia, esistenza, politica*, Guida, 1982.
Lisciani, Enrica, *La passione del mondo. Saggio su Merleau--Ponty*, Edizioni Scientifiche Italiane, 2002.
MANCINI, Sandro, *Sempre di nuovo. Merleau-Ponty e la dialettica dell'espressione*, Mimesis, 2001.
MARTONE, Antonio, *Verità e comunità in Maurice Merleau--Ponty*, La Città del Sole, 1998.
POMA, Iolanda, *Le eresie della fenomenologia. Itinerario tra Merleau-Ponty, Ricoeur e Lévinas*, Edizioni Scientifiche Italiane, 1996.
VANZAGO, Luca, *Modi del tempo: simultaneità, processualità, relazionalità tra Whitehead e Merleau-Ponty*, Mimesis, 2001